잊혀진 나라
마한여행기

잊혀진 나라
마한 여행기

고대국가
마한을 걷고
해석하고
기록하다

정은영 지음

율리시즈

내 가족들에게 깊은 감사의 마음을 전한다.
특히 이 책은 이 땅에 태어나게 해주신,
나의 다정한 부모님께 바친다.

• 추천사 •
강인욱_경희대학교 사학과 교수

내 삶에 숨어 있는 보물을 찾아가는 여정

여행이 즐거운 이유는 두 가지다. 새로운 세상을 맛보는 기쁨이 첫 번째이고, 여행의 끝에서 돌아와 피곤한 몸을 눕히며 얻는 쉼이 두 번째다. 정은영의 책은 이 두 가지 즐거움을 모두 품고 있다. 저자가 성장한 땅의 질곡 깊은 현대사는 잠시 접어두고, 수천 년 전 유장한 남도 역사의 장면들을 펼쳐가는 여정은 새로운 발견의 기쁨을 주며 동시에 마한의 땅을 어머니의 품처럼 포근히 안겨준다.

학창시절에 배운 역사를 돌아보면 고대편에는 언제나 고구려, 백제, 신라의 이야기만 가득했다. 그나마도 왕, 삼국 간 전쟁 그리고 수도에서 벌어진 일이 대부분이다. 그 외의 지역이나 사람들에 대한 이야기는 거의 없다. '삼국 시대'라는 말 자체가 그 틀에서 벗어난 다른 세계를 지워버린 셈이다. 그 지워진 역사 가운데 가장 대표적인 이름이 바로 '마한'이다. 한반도에서도 가장 아름답고 비옥한 지역에서 800년 가까이 이어진 삶의 흔적임에도, 정작 기록은 그들을 외면했다.

백제나 고구려가 부여의 정통을 내세울 때 마한은 고조선을 스스로의 뿌리로 삼았다. 백제에 병합되었지만 세계적으로 유례없는 거대한 옹관묘를 남긴 이들이다. 마한은 한국 고대사에 남은 가장 크고도 깊은 '테라 인코그니타(미지의 땅)'다. 비록 역사는 그들을 지웠지만 마한의 역사는 밭이랑을 적시는 봄비와 같이 남도 문화의 밑거름이 되었다. 그리고 그 마한의 옛 땅에서 자란 저자는 자신을 키워준 어머니 같은 마한에 대한 아름다운 에세이를 썼다. 페이지를 넘기는 내내 자신의 역사에 대한 사랑, 그리고 우리가 느껴보지 못한 남도 역사의 진한 감동이 느껴졌다.

흔히 '역사 여행'이라고 하면 찬란한 보물이나 놀라운 역사 이야기를 떠올린다. 하지만 그녀의 책은 다르다. '영혼의 토포필리아'라는 소개에서 느껴지듯이, 태어나고 자란 땅의 숨겨진 마한을 어루만지듯 다듬는다. 수천 년을 오가는 그녀의 이야기를 한번 살펴보자. 광주 신창동 2천 년 전 마을을 보며 '수많은 판타지가 담겨진 이야기'라고 감탄한다. 찬란한 황금이 묻혀서가 아니라 당시 사람들이 살던 일상의 의식주가 담겨 있기 때문이다. 광주 월계동의 전방후원분을 이야기할 땐 바다를 통해 일본과 교류했던 전방후원분을 가져오고 21세기의 디아스포라 광주의 고려인마을에 이른다. 수천 년간 바다 건너와 유라시아를 품은 빛고을의 모습이 색다르게 다가

오지 않는가.

가야 고분이 유네스코 세계유산이 되면서 마한에 대한 관심도 높아지고 있으나 마한의 얼굴을 이토록 따뜻하고 품위 있게 풀어낸 책은 드물다. 저자의 필력은 세종우수도서로 선정된 전작 《잊혀진 나라 가야 여행기》에서 이미 증명되었지만, 이번에는 고향을 향한 애정이 고스란히 담겨 한층 더 깊은 울림을 준다.

이 책을 읽으면 남도의 진정한 매력은 마한에서 시작된다고 확신하게 될 것이다. 남도 특유의 예술성, 여유로운 개방성, 그리고 모든 것을 품는 유려한 문화의 흐름은 갑자기 생겨난 것이 아니라 바로 마한에서 시작된 것임을 느낀다. 현대사의 고비에서 중요한 역할을 했던 남도의 비옥한 땅 광주, 나주, 무안, 해남…… 마치 산티아고의 순례길을 걷듯 이 책은 한 곳 한 곳을 어루만진다. 그리고 그들이 남긴 금동관, 옹관묘를 이야기하며 공감한다. 저자가 걸었던 마한의 땅에는 수천 년간 이어져온 기억의 흐름이 있으며 그것은 현재의 우리와 자연스럽게 연결된다. 문득 '과거가 현재를 구원할 수 있을까'라는 한강 작가의 말이 떠오른다.

마한은 단지 잊힌 호남의 지역사가 아니다. 지금의 우리 자신을 비추는 거울이며 미래를 상상하게 만드는 공간이다. 이 책을 읽는 이라면 누구나, 남도의 진짜 시작은 마한이었음을 깨닫게 될 것이다. 마한의 역사에 관심 있는 사람은 물론 삶에 쫓겨 자신을 잊고 살아온 모두에게, 여유롭게 과거를 바라보며 미래를 생각해보는 기회가 되도록 널리 권하고 싶다.

• 추천사 •
박중환_전 국립나주박물관장

왜 지금 마한을 말하는가

 '왜정 때'라고 불리던 시간이 일제시대를 거쳐 일제 강점기가 되고, 통일신라시대가 남북국시대가 된 오늘, 인간의 모든 역사란 늘 비판되고 새로 쓰여야 한다는 진리를 다시 생각한다. 최초의 관찰자에게 우리의 처음 모습을 듣고자 끝까지 가보려 했던 사람이라면 《왕조실록》을 지나 《삼국사기》를 지나 더 먼 과거에 쓰인 한 권의 책 앞에 선 자신을 발견하게 될 것이다. 《삼국지》 동이전에 실린 마한의 역사가 바로 그것이다.
 오늘날 크게 왜곡되어 있지만 마한의 역사는 우리 민족 문화의 프로토타입을 찾는 데 결코 우회할 수 없는 원전기록들이다. 그 간난과 신고를 이겨내고 오늘의 보란 듯한 생존을 일구어낸 민족의 생명력이 어디서 왔는지, 세계를 매료시킨 BTS 춤사위의 DNA가 어떤 것인지 알기 위해 우리는 민족의 태동기를 묘사한 저 서사시의 글발들을 이해해야만 하는 것이다.
 이 책의 작가가 걸었던 걸음은 그 마한을 알고자 하는 순례의 길

임과 동시에 자신의 탯자리를 향한 사랑이 이끄는 구도자의 여정이었던 것처럼 보인다. 인생의 모든 것이 불가해하게 보이는 순간이 되면 누구나 필연적으로 느끼는 의문이 있다. '나는 누구인가, 나는 어디에서 왔는가'라는 질문이다. 작가는 생의 순간순간 느꼈을 그 근원적 질문이 이끄는 대로 언덕 너머 파랑새를 좇듯 이슬을 밟으며 이름 없는 들길을 걷고 또 걸었던 것이 아닐까.

쉽지만은 않았을 그 발걸음이 진정한 자아를 찾고 역사와 현실 모두를 새롭게 바라보고자 하는 독자들에게 새 지평을 안내하는 나침반이 될 것이라고 믿는다.

• 프롤로그 •

800년 역사를 간직한
땅을 찾아서

　마한의 역사 앞에서 전율한 적이 있다. 2020년 국립나주박물관을 방문했을 때다. 어둑한 조명 속에서 고귀하게 보이는 거대한 항아리들이 마치 무대 위 주인공처럼 열을 지어 내 눈앞에 등장했다. 전시실 전체의 조명은 항아리에만 집중될 수 있도록 설계되어 있었다. 따스하고 은은한 빛이 항아리의 표면을 부드럽게 비추어, 그 곡선과 굴곡이 돋보였다. 조명이 만든 그림자는 마치 시간의 흐름이 그 속에 응축된 것처럼 보였다. 고요하지만 강렬했다. 내가 서 있는 시간과 공간을 압도하는 아우라였다.
　바로 영산강 유역에서 6세기까지 나온다는 마한의 옹관이었다. 옹관의 곡선은 완만했지만 장독대에 늘어선 수더분한 항아리와는 곡선미와 질감도 다른, 또 다른 느낌의 기품 있는 품새였다. 어디서도 본 적 없는 유물의 등장이었다. 옹관은 마치 과거에서 살아난 듯한 존재감으로 그 자체가 하나의 예술작품처럼 느껴졌다. 마한과 나의 첫 만남, 마한이 내 마음에 들어온 순간이다.

내가 들여다본 마한은 기원전부터 6세기까지 경기도, 충청도, 전라도의 한반도 중서부 지역에 있었던 작은 나라들의 연맹체다. 중앙집권적 통일국가들과 달리 소국 중심의 사회질서를 유지했다. 진한, 변한과 더불어 삼한 시대를 구성했던 마한은 백제에 흡수 병합되면서 백제의 역사에 가려 충분한 연구가 이루어지지 못했다.

인간은 과거를 기록하고 기억함으로써 정체성을 형성하고 이를 미래로 연결시키는 '역사적 존재'이다. 내 영혼이 마한을 기억하는 이유는 마한이 있었던 자리가 내가 태어나고 자란 곳이기 때문이다. 이곳 영산강 유역에는 나주, 영암, 무안 등에 독자적인 문화를 일구며 살아온 흔적이 있다. 6세기 영산강 유역을 누빈 독자 정치세력이 있었다는 것, 남도의 역사적 뿌리는 백제가 아닌 영산강 유역 마한이었다는 점을 기억하고 싶었다. 마한의 역사에 대해선 다양한 생각이 존재하지만 이 책으로 역사를 둘러싼 논쟁에 참여하고 싶은 생각은 없다. 다만 마한이 있었던 땅에 남은 기억과 흔적을 이야기하고 싶었을 뿐이다. 그것은 내 정체성의 뿌리를 찾는 것이기도 했으므로.

마한이 중요한 이유는 우리가 대한민국, 한민족 등에서 쓰는 '한

韓'이라는 글자가 역사상 처음 등장했기 때문이다. 우리나라의 고대 문화는 삼국 중심으로 기술되었지만 고대 문화의 원형은 삼국 시대가 아닌 삼한 시대에 있다. 한이라는 문화 원형을 떠나서는 우리 민족의 모습에 접근할 수도, 상상할 수도 없다. 불에 탄 볍씨와 따비 등 농경 문화, 의례와 제천행사 등 축제 문화, 구슬과 문신 등 장식 문화, 찰음악기와 현악기 등 악기 문화, 무덤과 옹관 등 매장 문화, 부뚜막과 시루 등 부엌 문화 등이 우리 문화의 원형이다. 마한을 찾아 떠나보면 우리 문화의 뿌리를 확인할 수 있다.

이 책을 쓰면서 국내와 국외 답사를 틈틈이 병행했다. 2021년부터 2024년까지 옛 마한 땅 여행을 혼자 또는 함께 자주 떠났다. 2023년부터 2025년 최근까지, 마한과 교류가 있었던 일본의 규슈와 베트남의 하노이를 다녀왔다. 일본에 남아 있는 왕인 박사의 흔적이나 마한과의 교류 흔적인 옹관, 구슬 등을 보고 왔다. 고맙게도 역사 덕후 남편이 함께하며 자료 조사를 도왔다. 2023년 가을에는 사우디아라비아의 리야드에서 열린 '유네스코 세계유산대회'를 다녀왔다. 가야 고분군이 유네스코 지정 세계유산이 되는 순간을 지켜보며 마한 역사 문화권 사업의 미래를 상상해볼 수 있었다.

그 결과를 정리한 것이 이 책이다. 전작인 《잊혀진 나라 가야 여행기》와 달리 여기에선 '땅'과 '박물관', '사람'과 '역사'로 나누어 기술하지 않고 다 펼쳐놓았다. 내가 다녀온 마한의 옛 땅 고창부터 영산강 길 따라 담양에서 무안까지 훑었으며 해남과 신안도 포함했다. 내가 태어나고 자란 고향이라서, 내 영혼의 토포필리아^{Topophilia}를 찾는 여정이기도 했다. 뒷부분에는 옹관, 금동관, 금동신발 등 마한의 역사와 유물에 대한 이야기도 포함했다. 박물관과 유적에서 유물을 볼 때 참고할 수 있는 내용이다.

아마추어 역사 여행가로서 나는 기록이 남아 있지 않은 시대, 상고사, 특히나 삼국사기조차 기록하지 않은 마한에 대한 이야기를 풀어놓아야 한다. 그러므로 때론 불확실성을 감수하며 상상하며 읽어주시기를 바란다. 실증과 객관주의를 중시한 역사학자 랑케$^{Leopold\ von\ Ranke}$(1795~1886)는 '역사가의 임무는 과거의 사실이 어떠했는지 생생하게 보여주는 것'이라 했다. 하지만 사료도 없고 유물도 남아 있지 않은 마한의 이야기를 랑케식의 과학적 역사학으로 구성하기에는 역부족이다. 한편 차선책으로 의존하고 있는 중국과 일본의 역사서는 애초부터 그들의 입장에서 서술된 것이기에 우리의 마한사를 밝혀주기에는 한계가 있다. 그래서 나는 마한에 대해 '확실성과 완전성의 이야기'가 아닌, '불확실성과 불완전성을 감수하며 상상하는 과거의 일'로 기록하기로 했다. 불확실하고 불완전하지만 어쩌면 확실하고 완전한 것보다 더 솔직하게 진실에 가까운 역사적 진실과 만날 수 있을 것이라 기대하며.

도시라는 공간에는 여러 시대를 거치며 다양한 층위의 역사와 문화가 축적되어 있다. 다양한 세대의 이야기, 다양한 시대의 기억이 중첩되어 있다. 이 책은 기원전 3세기에서 기원후 6세기까지 마한의 800년을 주로 회상하지만, 그 이전과 이후의 흐름도 소개하고자 했다. 마한 시대로 갔다가 백제와 고려, 조선 시대로 가기도 하고, 현재의 모습을 기술하기도 했다. 이 방식을 '역사 지그재그 보기'로 명칭하려 한다. 우리가 살아가는 장소의 다층적 본질과 시간적 복합성을 보여주는 효과적 방법이다. 우리가 사는 현재 이곳이 다양한 시간의 흔적을 머금고 있음을, 우리가 살아가는 현재가 과거의 숱한 역사와 곁을 함께하고 있음을 알게 될 것이다.

고마운 사람들

인생 계획에 들어 있지 않았던 마한을 쓰게 된 것은 많은 인연들 때문이다. 《잊혀진 나라 가야 여행기》의 추천사를 써주었던, 대학 동기 강인욱 교수는 '정은영, 다음에는 마한을 쓰라'고 권했다. 첫 시작이었다.

광주 MBC의 곽판주 PD님은 '마한의 넋들이 그를 움직이게 하는구나'라는 생각이 들 정도로 방송국 PD로서 자신의 시간을 온통 마한 다큐멘터리를 만드는 데 쏟았다. 내게 마한의 유적과 유물을 다 보여주었고 마한 연구자들도 소개해주었다. '아낌없이 주는 나무'였다.

전남대 교수로서 지역의 고고학 현장을 지키며 《우리가 몰랐던 마한-고고학자가 들려주는 마한 이야기》를 쓰신 임영진 마한연구원장님, 초대 국립나주박물관장으로서 영산강 유역에 마지막까지 남아 있던 독특한 문화를 보여주는 데 노력한 박중환 전 관장님과 나눈 마한 이야기는 이 책을 쓰는 '든든한 어깨'가 되었다. 《우리가 몰랐던 마한-고고학자가 들려주는 마한 이야기》가 없었다면 이 책은 쓰여지지 못했을 것이다.

이 책에 실린 사진들은 내가 찍은 것도 있지만 예쁘고 좋은 사진들은 광주 MBC 김환 기자와 국립아시아문화전당의 안재영 선생이 건넨 것이다. 마한을 시각적으로 이해할 수 있는 이미지들이다. 큰 마음의 배려다.

마한의 역사에 나를 연결해준 이는 유영광 전남도청 전 문화재 과장님이다. 건축사를 전공한 그는 나에게 마한의 존재를 처음 안내해주었다. 2021년 처음으로 복암리 고분전시관과 다시 들판의 복암리 고분을 걸었던 순간이 눈에 선하다.

혼자 떠난 답사도 좋았지만 함께 떠난 답사도 좋았다. 2022년과 2023년 8월 여름 햇빛이 가장 작렬할 때 두 번이나 나주 등 마한 일대를 함께 다녀왔던 김창수 민주평화통일자문회의 전 사무처장님, 김광길 변호사님은 현재를 연결하고 확장하는 생각법을 보여주었다.

이 책은 템플스테이의 고요 속에서 태어났다. 주말이면 원고를 품에 안고 산사로 들어가곤 했다. 장성 백양사의 쌍계루 호수에 비친 단풍, 무등산 원효사를 적시던 여름 소나기, 나주 불회사의 햇살 가득한 비자나무 숲이 이 책에 숨을 불어넣어주었다. 산문을 열어주신 백양사 무공 스님, 원효사 해청 스님, 불회사 철인 스님께 깊이 감사의 절을 올린다.

문화체육관광부 소속 공무원인 나는 지금 고향 광주의 국립아시아문화전당에서 일하고 있다. 이곳은 1980년 광주민주화운동 당시 시민군 최후항쟁지였던 옛 전남도청 건물을 배경으로, 지하 4층 깊이로 내려와 16만 제곱미터 면적에 자리 잡은 아시아 최대 규모의 복합문화공간이다. 너도나도 건물을 위로 올리며 위용을 과시하는 이 시대에 스스로를 낮춰 지하로 들어간, 숭고하면서도 겸허한 공간이다.

그 인근에 2007년부터 이 자리를 지켜온 '마한지'라는 돼지갈비

맛집이 있다. 간장과 설탕의 간이 딱 알맞은 돼지갈비도 맛있지만 유자 소스로 버무린 샐러드부터 시작해 적당히 익어 신맛이 나는 묵은지는 밥도둑이다. 거기에 식초와 간장이 적절히 밴 듯한 깻잎과 마늘장아찌까지, 전라도 반찬의 품위가 있다. 이름이 특이해서 그 이유를 직원에게 물으니 "예전에 이곳에 있었던 나라를 기억하기 위해서"라고 했다. 1500년 전 이 땅에 있었던 마한의 흔적을 기억하기 위한 식당 이름이라니!

　마한지 2층 계단 옆 나무 장대 위에는 새가 앉아 있다. 마치 오래된 기억 속에서 튀어나온 듯하다. 새는 한때 숨을 쉬고 날아다녔던 생명을 닮았다. 옛날 마한의 신성한 지역 소도에 걸었다는 솟대를 재현하고 있는 거다. 마한의 흔적을 따라 광주를 방문한다면 마한의 맛을 담고 있는 이곳 '마한지'는 필수 코스다. 계단을 오를 때 가끔은 발걸음을 멈추고 솟대가 전해주는 오래된 마한의 이야기에 귀 기울여 보시기를.

신창동이 있는 광주에서
정은영

차례

추천사 • 내 삶에 숨어 있는 보물을 찾아가는 여정_강인욱 ···6
　　　 • 왜 지금 마한을 말하는가_박중환 ···10
프롤로그　800년 역사를 간직한 땅을 찾아서 ···12

1부 마한의 땅을 걷다 | 마한의 유적과 풍경

익산·고창, 마한의 첫 마음 ···24
담양, 영산강의 첫 속삭임 ···37
광주, 신창동에서 만난 마한의 꿈 ···52
나주, 마한의 영광이 깃든 곳 ···69
영암, 마한의 심장이 뛴다 ···87
함평, 유년의 기억으로 안내한 마한의 무덤들 ···103
무안·목포, 영산강 풍경이 역사에 말을 건다 ···114
해남, 마한의 숨결이 멎는 곳 ···130
신안, 바닷가에 잠들어 있는 마한의 흔적 ···144

2부 마한을 상상하다 | 마한의 문화, 인물, 유물 이야기

사라진 나라 마한을 만나다 ···158
누가 마한을 묻거든 옹관을 보게 하라 ···175
아파트형 고분, 마한이 함께 살아가는 법 ···189
장고분은 죄가 없다 ···196
신창동 현악기가 들려주는 고대의 선율 ···210
금동관의 귀향 ···220
금동신발, 마한 장인의 혼이 깃든 예술품 ···233
마한인과 동물, 영혼의 교감 ···244
정촌 고분의 여성 리더, 마한 사회를 비추다 ···258
왕인은 마한인이었을까 ···266
마한의 히트템, 구슬과 문신 ···278
요시노가리 역사공원을 배워야 할 이유 ···287

에필로그 오래된 것들을 좋아하는 마음이 있다 ···298

1부

마한의 땅을 걷다

마한의 유적과 풍경

익산·고창,
마한의 첫 마음

2023년 7월 서울에서 광주로 근무지를 옮기게 되었다. 집은 세종특별자치시에 있어 근무가 없는 주말이면 광주에서 세종을 오가는 생활이 시작됐다. 이 일상의 변화는 마한과 나를 가깝게 만들었다. 주말이면 오가는 곳들이 모두 옛 마한 땅이었기 때문이다. 자연스럽게 익산, 고창을 두루두루 둘러보게 되었고, 마한 땅 답사에 탄력이 붙었다.

광주에서 세종까지는 거리상 180킬로미터. 이 2시간의 여정은 내게 '코모레비'의 시간이었다. 코모레비는 '나뭇잎 사이로 비추는 햇빛'이란 뜻의 일본어다. 영화 〈퍼펙트 데이즈〉의 주인공 히라야마가 느끼는 충만한 하루를 사는 비법과도 같은 것이다. 히라야마는 도쿄의 공원 화장실 청소부로 매일 반복되는 일상을 살지만, 카세트테이프로 올드 팝을 듣고 카메라로 나무 사이에 비치는 햇살을

찍는 코모레비의 행위를 통해 충만한 하루하루를 산다. 나에게는 고속도로에서 빠져나와 국도를 달리며 마한의 무덤을 가보고, 마한의 유물이 전시된 박물관을 둘러보는 것이 나만의 코모레비 순간이었다. 광주와 세종을 오르내리는 동일한 일상 속에서 우리 땅에 기억된 역사의 흔적을 찾는 시간이 나의 기쁨이었다. 그렇게 마한이 처음 시작된 땅, 전라북도의 익산과 고창을 만나게 되었다.

전라북도의 마한은 서해안고속도로가 개통하면서 그 존재가 더 널리 알려졌다. 고속도로 건설 과정에서 문화유적 조사가 이루어졌고 많은 고고학 자료가 발견된 덕분이다. 1990년 착공해 2001년 완공된 서해안고속도로는 전남 무안에서 시작해 전북, 충남과 경기 등 서해 연안을 따라 340.8킬로미터를 이어가는 도로다. 이 도로는 마한의 옛 영역을 통과한다. 마한을 품은 땅, 우리가 쓰고 걸어온 지 오래되지 않았다.

익산은 보물 같은 땅이다. 마한과 백제의 정치 문화 중심지로서 우리 고대사에서 차지하는 비중이 큰 도시다. 마한과 백제를 잇는 다리와 같은 곳이다. 우리에게 익산은 백제의 마지막 수도로 왕궁리, 미륵사지 등의 문화유산이 남아 있는 곳으로 기억되지만, 그 이전에 이곳은 마한의 땅이었다. 익산에는 마한 연맹체가 있었고, 목지국 또는 그 주변의 소국들이 자리 잡았다. 금강과 만경강 유역의 풍부한 농경지를 기반으로 성장해온 익산은 마한의 전통과 문화를 흡수하여 지역 통합에 기여하기도 했다. 백제 무왕 시기에는 백제 부흥 운동의 핵심이 되었다. 이렇게 익산은 마한의 자율적 소국 문화와 백제의 중앙집권적 문화가 함께 숨 쉬는 지역이다. 역사의 흔적이 많이 스쳐간 도시, 익산이다.

시간의 강을 건너, 고조선에서 마한으로

마한은 고조선의 정치 변화와 깊은 관련이 있다. 고조선의 정치적 격변기에 이주민들이 남으로 이동해 만든 디아스포라의 나라가 한이었다. 고조선 준왕이 위만에게 쫓겨 바닷길을 따라 한韓의 땅에 와서 한왕韓王이 되었다. 이 지역은 준왕과 그의 유민이 정착하기에 적합한 환경을 제공했을 것이다. 마한의 일부 소국들이 준왕의 영향을 받아 형성되었다는 설이 있다. 준왕과 그 디아스포라 세력의 남하는 단순한 왕권 상실 이후의 도피가 아니라, 한반도 남부에 새로운 문화와 정치 체제를 형성하는 계기가 되어 고조선과 한을 역사적으로 연결했다.

그래도 내 마음속에는 궁금증이 남는다. 준왕이 내려온 한의 영지는 정확히 어디였을까? 《삼국지》위서 동이전에는 이에 대한 기록이 없다. 고조선 준왕이 새롭게 터전을 잡은 곳에 대한 힌트는 고려 말기 문신 이승휴가 쓴 역사서 《제왕운기》에서 찾을 수 있다. 이승휴는 준왕이 내려온 한의 영지를 금마金馬로 추정했다. 금마! 이 금마를 두고 '충청남도 홍성'이다, '전라남도 영암'이다, '경기도 강화도'라는 설이 있지만, 대다수 학자들은 '전라북도 익산'이라고 말한다. 금마는 익산의 동북쪽에 위치한 지역으로 익산의 지리적 중심부와 인접해 있다.

불꽃 속에서 피어난 정성, 부뚜막

재미있는 것은 지금도 익산에는 금마면이 실재한다는 사실이다. 작년 겨울, 세종에서 광주로 내려가는 길에 익산의 금마면에 차를 멈췄다. 전라북도 익산시 금마면에는 마한의 역사와 문화를 중심으로 전시하는 '마한 박물관'이 있다. 마한의 유적과 유물을 통해 고대 한반도 남서부의 역사와 문화를 재조명하는 공간이다. 2008년에 만들어졌다 하니, 아주 오래전부터 마한에 대한 관심이 이곳에 뿌리내렸음을 알 수 있다.

이 박물관은 아담하다. 크지 않은 전시실에는 마한의 생활 문화, 정치체제, 유물을 중심으로 전시가 구성되어 있다. 이름 그대로 '마한 박물관'이다. 박물관이 무엇을 표방하는지 이름부터 돌직구로 던지는 스타일이다. 기개가 좋다. 마치 "준왕이 내려와 한을 칭한 바로 그곳이 여기야", "그 나라는 건마국이야"라고 내 귀에 대고 외치는 느낌이었다.

당시의 무덤은 토광묘다. 흙을 쌓아 분구를 만들고 그 안에 매장 시설을 위치시킨다. 이곳 마한 박물관에는 청동기와 토기가 정성스레 전시되어 있다. 이곳에서 나온 청동거울은 아주 멋지다. 새모양 토기, 두 개의 귀를 가진 토기는 뚜껑도 갖추고 있어 정교한 느낌을 준다. 마한 사람들이 금은보다 소중히 여겼던 옥은 유리옥 거푸집과 함께 발견되었다.

마한 박물관이 집중적으로 보여주는 것은 그 시대 소시민들의 일상이 드러나는 생활 문화 공간이다. 그중에서도 '식'을 책임지는 부엌 공간은 특히 중요하다. 당시 가옥은 안방, 거실, 부엌 등의 기능적 공간이 명확히 구분되지 않았다. 부엌 공간 중 가장 중요한 곳은 불을 다루는 부뚜막이었다.

기원전 3세기, 마한의 초기 철기 문화가 막 시작될 무렵이다. 불을 다루는 부엌 공간으로 신석기 시대에는 집 안에 불을 들여오는 시설인 화덕이 있었다. 화덕의 미덕은 불을 꺼지지 않게 지속시키는 힘이었다. 이렇게 집 안에 들어온 화덕은 시간이 지나며 부뚜막으로 발전한다. 많은 경험과 기술이 쌓인 결과다. 요리를 주목적으로 하는 부뚜막이 만들어지고 굴뚝도 설치해 연기가 나고 그을음이 많은 문제도 해결했다. 이제 인류가 사랑하는 공간, 본격적 의미의 부엌의 탄생이다.

부뚜막에는 늘 흙으로 만든 토기, 길쭉한 타원형의 항아리와 시루가 있었다. 박물관에서 볼 수 있는 항아리와 시루는 검게 그을린 흔적이 강하게 남아 있다. 이 토기는 무덤이 아닌, 집터의 부엌 자리에서 나왔다고 추정할 수 있다. 마한의 어머니들은 가족을 위해 음식을 준비했다. 이 마음은 변치 않은 채 지금까지 내려오고 있다. 1500년을 이어 전해지는 마한 사람들의 따스한 마음이 느껴진다. 항아리는 계란 모양으로 길쭉한 타원형이다. 이 형태는 부뚜막에 걸치기 가장 유리한, 기능적 측면에서 고안되었을 것이다.

항아리 위에는 가장 중요한 물건, 시루가 얹힌다. 시루를 특징짓는 것은 두 가지다. 양 옆의 두 손잡이와, 송송 구멍이 군데군데 나 있는 토기 바닥이다. 시루의 등장은 우리 식문화의 일대 혁명이다. 시루가 등장하면서 수증기를 이용해 찰진 밥을 지을 수 있게 되었다. 나는 속으로 '저 시루는 밥 짓는 방식의 가장 큰 변화야'라고 외쳤다. 이전에는 직접 불이 솥에 닿아 밥이 타서 쌀 손실이 많았지만, 시루는 아래 계란형 토기에 물을 끓이고 그 증기가 구멍을 타고 올라가 쌀알을 찰지게 만들었다. 우리 민족에게 수천 년 동안 '밥은 하늘'이었다.

마한의 집터에서 나온 부뚜막, 그것은 역사적 기원이 아주 오랜 우리의 문화였다. 부뚜막, 계란형 항아리와 시루, 부뚜막 아래의 솥 받침. 고대의 부엌 세트다. 밥 한 그릇에도 따뜻한 마음과 뜻 깊은 정서를 담은 문화가 느껴진다. 지금은 가스레인지와 싱크대, 식탁으로 엮이는 키친 문화가 대세인지라 부뚜막은 거의 보기 어렵지만, 이 부뚜막 문화가 장장 1500년을 넘게 생존해왔으니 우리 문화의 DNA라 평가할 만하다. 마한에는 우리 문화의 원형이 살아 숨쉬고 있다.

왕의 그리움이 머문 자리, 무왕과 익산의 인연

이곳 금마에는 또 다른 시대의 흔적도 남아 있다. 마한 공원은 조각공원인 서동공원 안에 위치해 있다. 서동은 백제 30대 무왕의 어린 시절 이름이다. 백제 무왕은 우리가 많이 들은 '서동 설화'의 주인공이다. 어린 시절 신라에 피신해 있을 때 신라 진평왕의 셋째 딸인 선화공주를 만나 사랑에 빠졌다. 선화공주는 용감한 소녀였다. 서동과의 사랑을 포기하지 않고 함께 백제로 가서 온갖 역경을 이겨내고, 서동이 백제 왕이 되자 백제 왕후가 되었다. 사랑을 쟁취하는 한 남자의 꾀는 놀랍다. 공주가 밤마다 남모르게 서동과 어울리고 있다는 노래를 만들어 아이들에게 부르게 했다는 서동왕자의 이야기는 오랜 세월이 지난 지금까지도 우리에게 전해진다.

그런 무왕에 의해 이곳 익산은 다시 역사의 주무대에 등장했다. 쇠락해가던 백제의 국력을 되살리려 백제 무왕은 기운이 쇠한 부여를 떠나 이곳 익산에 새로운 수도를 세워 백제 부흥의 꿈을 꾸었다. 하지만 부흥은 일순간이었고 강성해지는 신라의 기운을 꺾을 수는 없었다. 무왕의 다음 대인 의자왕 때 백제는 결국 멸망했다.

익산의 미륵사지를 들러볼 만하다. 미륵사지 옆에는 국립익산박물관도 들어서 있다. 만경강과 금강이 흐르고 서쪽에는 서해 바다가 넘실거리는 이곳에, 가을 햇살이 부드럽게 내려앉은 날 세종에서 광주 가는 길에 국립익산박물관을 들렀다. 박물관 입구에 들어서면 마한과 백제의 세계가 먼 시간을 넘어 우리를 맞이한다. 사리기 위에 새겨진 세밀한 문양 하나하나는 장인의 혼과 신앙을 담고 있었다. 이곳의 사리호는 국보 중의 국보다. 사리장엄이라 불릴 만하다.

박물관에서 나와 왼쪽으로 고개를 들어보니 저 멀리 미륵사지 석탑이 보였다. 백제 최대의 사찰 미륵사가 존재했었다는 사실에서 이곳이 예부터 익산의 중심지였음을 짐작할 수 있었다. 탑의 중심부, 보수공사를 거쳐 복원된 구역은 다소 현대적이지만 오래된 탑의 위엄을 해치지 않아 그나마 다행이다.

미륵사지 석탑은 복원한 것이다. 2009년 석탑 해체 과정에서 세상을 깜짝 놀라게 한 사건이 있었다. 금으로 된 사리를 담은 병과 금으로 기록된 사리 봉안기가 발견된 것이다. 사리 봉안기는 금판에 음각하여 붉은 칠을 한 유물로 미륵사 창건에 얽힌 이야기가 담겨 있었다. 그에 따르면 무왕이 왕비의 요청에 따라 미륵사를 지었다고 했다. 놀랍게도 백제 왕비는 우리가 알고 있는 신라의 공주 선화가 아니라, 백제의 좌평 사택적덕의 딸인 사택왕후였다.

서동왕자와 선화공주의 러브 스토리는 역사적으로 실재하지 않았던 판타지였단 말인가? 새로운 미스터리가 생겼다. 물론 백제 왕후가 된 선화공주가 사망한 후 사택적덕의 딸이 왕후가 되었을 가능성도 있다.

천년의 침묵을 깨고,
봉덕리에 잠든 마한의 영혼

　　　　많지 않은 전라북도의 마한 무덤 중 둘러볼 만한 곳으로 고창 봉덕리 고분을 추천하고 싶다. 익산, 고창 등 전라북도에 마한인들이 살았을 것이니, 마한의 무덤이 남아 있는 것은 당연한 일이다. 그중에 봉분을 조성해서 외부에서 볼 수 있는 무덤은 많지 않다. 그 많지 않은 무덤 중 하나가 바로 고창의 봉덕리 고분이다.

　고창은 세계문화유산 고인돌을 가진 마을이다. 청동기의 고인돌에서 마한의 최대 묘까지 연속성을 보여준다. 고인돌은 청동기 시대에 만들어졌지만 고창, 화순 등 한반도 남부 지역에 집중적으로 분포하고 있다. 이곳들은 이후 마한 연맹체의 중심지가 되었다. 아마도 고인돌 문화는 마한 사회의 장례와 제사의 일부로 계승되었을 가능성이 높다. 마한 시기의 옹관묘는 고인돌 문화를 계승하면서 변형된 장례 방식으로 볼 수도 있다. 고인돌에서 시작된 장례 문화가 마한 시대에 지역적 특색을 유지하며 이어졌을 것이다.

　봉덕리 고분을 찾았다. 고창은 처음이다. 봉덕리 무덤은 4기의 무덤으로 이루어진, 국가 사적으로 지정되어 있는 곳이다. 1기는 너비 70미터, 높이 9미터로 석실, 석관, 옹관 등 다양한 무덤 문화가 발견되었다. 다장의 벌집형 구조, 아파트형 무덤의 마한 특유의 양식을 보이고 있다. 농경이 발달했던 지역의 특성상 혈연 공동체를 지향한다. 하나의 묘에 여러 사람이 묻혀 있는 것이 특징이다. 후손들은 추가장 형태로 묻혔는데 개인별 무덤으로 조성한 백제의 무덤과는 사뭇 다르다. 혈연 중심의 공동체 의식이 아주 높은 지역이다. 영산강 유역의 마한도 동일하다.

    고창 봉덕리 고분은 아쉽게도 멀리서 바라볼 수밖에 없었다. 이유는 알 수 없으나 들어가지 못하도록 봉쇄되어 있었다. 그 규모가 궁금해 건너편 마을에도 가보고 옆길로 들어가 저수지 건너편에서 보기도 했다. 총 4개의 무덤이 발굴되었다 한다. 도굴의 여파로 부장품들이 충분히 발견되지 못한 아쉬움이 있다.

    그나마 다행히도 도굴에도 살아남은 유물이 있으니 2009년 봉덕리 1호분 4호 석실에서 발굴된 금동신발 한 켤레다. 그것도 아주 완벽한 상태로 세상에 드러났다. 금동신발은 죽은 사람에게 신겨주는 신발이다. 30센티미터가 넘는 크기에 밑창에는 송곳 모양의 스파이크가 박혀 있다. 얇은 구리판에 금으로 도금했으며, 신발의 바닥과 옆에는 연꽃, 봉황 등 무늬가 정교하게 새겨져 있다. 수십 개의 못이

박혀 있는 것은, 하늘 가는 길에 어려움을 만나면 잘 이겨내라는 뜻이다.

백제가 아닌, 마한으로 읽자

금동신발은 중국에서는 찾아보기 어렵고 우리나라 고대 고분에서 주로 출토되었다. 나주의 정촌 고분에서도 금동신발이 나왔다. 두 신발은 2021년 함께 보물로 지정되었다. 마한의 무덤에서 나온 마한 신발이 나란히 보물이 된 것이다.

금동신발을 신고 있는 무덤 주인이라면, 아마도 상당한 지위와 권력, 경제력을 가졌을 것이다. 금동신발에 대해서는 백제 중앙에서 제작돼 백제의 영향력 있는 곳에 하사품으로 뿌린 것이라는 설과 자체 제작했다는 설이 함께 있다. 어느 설에 기대든, 이곳의 마한 세력은 막강한 정치력과 경제적 위상의 소유자였으리라. 이곳에는 마한 54개국 중 모로비리국이 위치해 있었다.

오랫동안 전북의 마한을 연구한 최완규 교수는 《최완규의 마한 이야기》에서 전북에 자리 잡고 있던 마한 소국은 대략 12개소에 달한다고 말한다. 전북 지역의 마한 소국으로 함열과 함라 일대의 감해국, 고창의 모로비리국, 김제의 벽비리국 등은 의견이 모아져 있다고 했다. 우리 국사책은 고대의 3대 저수지로 제천의 의림지, 밀양 수산제와 더불어 김제의 벽골제를 제시한다. 벽골제에 대한 기록은 《삼국사기》에도 나오는데 330년경으로 알려져 있다. 가장 오래되고 가장 큰 규모이다.

　최완규 교수는 김제의 벽골제와 고창의 봉덕리 고분은 축조기법이 유사하다고 주장한다. 이를 강력히 주장하는 이유는 벽골제가 백제가 아닌, 마한의 것일 수 있기 때문이다. 마한과 백제는 좀처럼 구분하기 어렵다. 국사책이나 박물관에서 백제라는 명패를 달고 나온 유물들을 볼 때면 나는 머릿속이 복잡해진다. 어쩌면 그것들이 마한 시대의 것일 수 있기 때문이다. 이제 겨우 발동이 걸린 마한 연구가 아직 충분히 이루어지지 않았기 때문일 수 있다. 백제가 아니라 마한이라고 불러야 할 것들이 많을지도 모르겠다.

담양, 영산강의 첫 속삭임

"차라리 울어볼까나".

나도 모르게 흥얼거리는 노래 〈영산강〉의 첫 소절이다. 가수 안치환이 불렀는데 이 노래에서 영산강은 단순한 자연적 의미의 강이 아니라 역사를 품은 강이다. 동학농민운동과 광주민주화운동이 일어났던 배경이 되었던 곳이 바로 영산강이다. 소설가 문순태의 대하소설 《타오르는 강》의 배경도 민초들의 한을 담은 영산강이다. '차라리 돌아설까' 하면서도 '두 손 내미는 못다 한 세월'이라는 가사에서, 역사적 고난을 외면하지 않고 함께 울고 함께 보듬어 가겠다는 노래하는 이의 의지가 느껴진다.

노래 〈영산강〉은 강물이 흘러가듯 지나간 시간과 역사를 바라보며 느끼는 슬픔과 반성을 담고 있지만, 강물이 멈추지 않고 흘러가듯이 고난 속에서도 변화와 치유의 가능성을 꿈꾼다. 마한 역사 여행을 하면서 알게 된 것은, 이 영산강이 마한의 젖줄이기도 했다는 점이다. 영산강은 마한 시대에 비옥한 농경지와 수로망을 제공하여 농업과 교역의 중심지 역할을 했다. 이 땅에 터를 내려왔던 마한 사람들은 강을 따라 집을 짓고 마을을 이루고 무덤을 만들며 삶을 이어갔다.

마한의 여러 소국들은 영산강을 중심으로 독립적이면서도 느슨한 연맹체를 구성했다. 영산강을 통해 해상교역과 내륙 교류를 활발히 진행했다. 영산강은 물로서, 자연으로서, 문화로서 다양한 의미를 지니며 마한인의 삶에 영향을 주었고 마한인의 삶이 다시 영산강에 영향을 주었을 것이다. 영산강과 마한인의 삶은 굽이굽이 얽혀 있다.

영산강의 시원을 보려면 용소로 갈 것

　　　　　영산강은 전라남도 담양군 월산면 용흥리에서 발원한다. 자연의 아름다움과 역사적 의미를 함께 간직한 곳이다. 전라남도와 광주광역시를 거쳐 서해로 흐르는 여정, 총 139킬로미터를 시작하는 중요한 지점이다. 지금의 영산강은 장성호로 유입된 뒤 장성을 지나 황룡강이었다가 광산구 송정리를 지나 송대동에서 극락강과 만난다. 나주 남평읍을 지나 지석천과 합류한다.

　영산강의 시원을 보고 싶다면 담양의 용소로 가야 한다. 영산강이 그 긴 물줄기를 시작한 곳이다. 영산강을 둘러싼 자연환경과 문화적 배경을 이해하는 데 큰 도움이 되는 장소다. 몇 해 전 겨울, 나는 해 뜰 무렵 가마골생태공원에 위치한 용소를 찾았다. 겨울의 해는 7시 30분에야 떠서 무릉도원 터널 근처에서 담양호의 일출을 구경할 수 있었다.

　공원 입구 주차장에 차를 세우고 10여 분 걸어 올라가야 용소를 만날 수 있다. '영산강 시원 용소'라고 적힌 표지석을 볼 수 있었다. 마한 문화의 원류, 영산강의 시원을 내가 마주 대하고 있다는 생각에 뭉클해졌다. 표지석 옆에는 용추산에서 내려오는 첫 영산강의 물줄기가 폭포를 이루며 떨어지고 있었다. 그 물줄기는 작은 연못에 파문을 일으키며 쏟아져 내렸다. 용소는 거창한 곳이 아니었다. 오히려 군더더기 없이 솔직하고 담백했다. '이 작은 물줄기가 마한 문화를 잉태했구나' 생각했다. 이 작은 물줄기가 마한이라는 역사

와 문화를 만들어낸 것이다.

  용소에서 시작된 물줄기를 따라 마한 사람들은 신창동 유적지를 중심으로 마을을 이루며 살았다. 나주를 흐르던 영산강 강변에는 옹관을 만들던 가마터들이 자리 잡았다. 이곳에서 제작된 옹관은 영산강 상하류를 따라 마한의 여러 지역으로 퍼졌을 것이다. 때로는 서해와 남해의 바닷길을 만나 다른 나라로도 이동했을 것이다. 마한 사람들이 금보다 좋아했던 구슬도 바닷길과 영산강을 따라 마한으로 흘러 들어왔다. 일본과의 교류도 영산강 뱃길을 따라 이어졌다. 왕인이 일본에 학문을 전하기 위해 떠난 길도 영산강 어귀의 포구 상대포였을 것이다. 마한과 영산강 이야기가 파노라마처럼 내 머릿속에 펼쳐졌다. 마한은 영산강을 따라 역사와 함께 흘렀다.

  용추산은 6.25 전쟁 때 빨치산 마지막 패잔병들이 끝까지 숨어 치열하게 싸웠던 곳이다. 용소 인근에 출렁다리가 있다. 올라가는 길에 만난 안내소 소장님은 '출렁다리까지 꼭 가보라'고 했는데 시간이 여의치 않아 거기까지 올라가보지 못했다. 약속을 지키지 못해 가뜩이나 미안한데, 내려오는 길에서도 마주친 그는 '차 한 잔 마시고 가라'며 변함없는 따뜻함을 보여주었다. 소장님 덕분에 카누로 아침 모닝커피를 마실 수 있었다. 여행 중 모르는 사람과의 대화는 생각보다 유쾌하고 따뜻했다. 역사 여행 도중 우연히 만나는 사람들과의 가벼운 대화와 배려에서 느끼는 약한 유대는 때로는 가까운 가족, 친구들과의 강한 유대만큼 행복해질 수 있다. 낯선 이에게 말을 걸어보시라.

역사 여행의 불확실한 길목에서

영산강이 시작되고 그 물줄기가 도도히 흘렀던 담양은 마한 사람들이 모여 살기에 좋은 환경을 제공했을 것이다. 광주의 신창동 유적지가 그러하듯, 마한인들의 흔적이 오랜 세월에도 살아남아 고스란히 남아 있는 곳이 있다. 바로 담양 태목리, 응용리 생활유적이다.

태목리와 응용리 찾기는, 역사 여행이 '불확실성의 모험'임을 알게 했다. 모험이기에 시행착오가 따른다. 길을 헤매기도 하고 목적지에 이르지 못할 때도 있다. 인내심을 갖고 알고 있는 정보와 우리가 겪어온 경험을 조합하여 가장 합리적으로 길을 찾는 의사결정의 연속이다. 여러 불확실성을 헤치고 모험을 하며 실패를 거쳐 목적지에 이르렀을 때 느끼는 기쁨은 크다. 담양의 태목리와 응용리를 찾아가는 여정이 그랬다.

몇 년 전 가을 '담양 습지'라는 주소를 들고 태목리와 응용리를 찾아 나섰다. '광주의 신창동 유적지와 비슷하겠지' 싶어 영산강이 가까운 담양 습지에 주목했다. 광주에서 택시를 타고 20분이면 도착한다. 길은 점차 좁아지고 주변의 풍경은 도시의 분주함에서 벗어나 고요한 자연으로 바뀌었다. 담양 습지가 가까워져 택시에서 내려보니 길옆으로 갈대밭이 펼쳐져 있다. 가을바람에 맞춰 고개를 끄덕이고 있는 갈대 외에는 보이는 게 없었다. 어디일까. 마한 사람들은 어디에 터를 내리고 살았던 것일까. 멀지 않은 곳에 광주의 관문인 북광주 톨게이트가 보였다. 내 뒤에는 멀지 않은 곳에 담양 습지가 있고, 그 뒤로 영산강이 흘렀다.

가져간 지도를 펼쳐 놓고 나만의 상상력을 동원해보았다. 어딘가 안내판을 볼 수 있지 않을까. 안내판을 찾을 수 있다면 그야말로 행운일 텐데. 왔다 갔다 작은 시골길을 헤매었다. 그런데 웬일인가. 갈대가 펼쳐진 벌판 사이로 태목리와 응용리 사적지임을 알리는 소박하고 간소한 안내문과 표지판이 빼꼼히 서 있는 게 아닌가. 이런 순간은 '횡재'와 같다. 특별한 내 노력이 없이 은총처럼 축복처럼 주어지는 순간이다. 어쩌면 이러한 횡재는 시간을 내서 역사 여행을 한 내게 보내는 마한 사람들의 응원일지도 모른다.

태목리와 응용리,
작은 생활사에서 발견한 마한인의 삶

태목리, 응용리 유적지는 담양 하천 습지에 연해 있다. 담양 하천 습지는 영산강 본류에 형성된 우리나라 하천 습지 중 최초로 습지 보호 지역으로 지정되었다. 둔치에는 대나무가 무리를 지어 있고 하천 습지에는 멸종위기에 있는 수달, 삵, 큰기러기 등이 서식하고 있다. 습지의 물길은 마한 사람들에게 삶의 일부였을 것이다. 물고기를 잡고, 물을 길어다 농사에 쓰고, 아이들은 그 물가에서 뛰놀았을 것이다. 이 습지는 단순한 자연이 아니라 태목리 유적을 둘러싼 사람들의 삶의 배경이었다.

태목리와 응용리는 마한 초기 생활사 유적지다. 그곳에는 일본

사가현의 요시노가리와 같은 거창한 선사 역사문화공원은 없다. 사적지로 지정된 곳이라는 안내판만 있을 뿐, 유물은 인근 박물관 수장고에 잠들어 있을지도 모른다. 그중 살아남은 유물 몇 점만 국립광주박물관 전시실에 놓여 있다. 그래서 태목리와 응용리 현장에 가면 발굴의 흔적은 찾아보기 어렵다. 어떠한 발굴이 있었는지 그 누구도 알 수가 없다.

1500기 이상의 주거와 고분, 토기가마, 우물, 수혈 등 다양한 시설이 확인되었다. 화려한 껴묻거리를 자랑하는 왕과 귀족들의 위압적인 무덤이 아니라, 생활토기와 음식물 등 아주 평범한 일반인들이 살아낸 삶의 흔적들이다. 일반인의 삶에서 더욱 숭고함과 고귀함을 찾을 수 있지 않을까. 마한 취락 유적 중 최대 규모여서 역사적·학술적 가치가 높아 최근 국가 사적으로 지정되었다 한다. 더구나 다행인 것은 발굴 이후 축사나 가옥 등 생활시설이 들어서 있지 않다는 점이다. 전라남도 무안의 마한 생활사 유적지인 양장리는 축사와 가설물들이 유적지 전역을 덮고 있어 문제인데 그곳과는 다르다. 일본의 요시노가리 공원처럼 태목리와 응용리 사적지 일대를 역사문화공원으로 만들어 마한의 흔적을 후세에 남길 방법은 없을까.

2021년 국립나주박물관은 〈따뜻한 마음의 공간, 호남의 옛 부엌〉 전시를 열며, 마한에서 백제 시대까지 이어지는 부엌의 모습을 재현했다. 그 전시를 가보지는 못했지만, 전시 결과를 담은 도록에서 태목리의 흔적을 확인한 적이 있다. 태목리에서 나온 부엌의 흔적이었다. 당시 집터에 독립된 부엌 공간은 없었지만 부뚜막과 토기들이 발굴되었다.

태목리에서 나온 마한 집자리에서 인상적인 것은 부뚜막이다. 사각형 집자리 중앙에 원래 화덕이 있었는데, 안정적으로 식사를 준비하기 위해 부뚜막을 만들었다. 부뚜막은 서양식 가스레인지 등에 밀려 지금은 드라마 사극에서나 나올 법한 구조물이지만, 나만 해도 어린 시절 할머니 집에서 보았던 부뚜막에 대한 기억이 있다.

부뚜막 아궁이 앞에 쪼그려 앉아 장작을 넣고 불을 지핀 적이 있는가. 그 위에 흙과 돌로 구멍을 내고 그 구멍에 조리용 도구를 얹는다. 마한의 조리도구는 토기였고, 태목리 집터에서는 계란형 긴 토기와 시루가 나왔다. 부뚜막이 생겨서 조리용 토기를 안정적으로 걸쳐서 조리할 수 있게 되었다. 아궁이 두 개를 가진 부뚜막이면 한쪽엔 솥을 걸고 다른 한쪽엔 계란형 긴 토기와 시루를 건다. 태목리에서 나온 계란형 긴 토기는 아래가 검게 그을려 있다. 아궁이에서 나온 불을 만난 흔적이다.

왜 저렇게 계란처럼 아래로 긴 타원형 토기를 만들었을까. 계란형 토기와 시루는 함께 사용된다. 계란형 토기에 물을 넣고 끓인다. 시루엔 쌀이 담겨 있는데 아래 바닥의 동그란 구멍으로 뜨거운 수증기가 올라와 쌀을 익혀 밥을 만든다. 밥짓기보다 한층 더 발달된 것이 떡을 만드는 것이다. 시루만 있으면 떡을 만들 수 있다. 오랫동안 시루에서 만든 떡이라는 뜻의 '시루떡'이 떡의 대명사처럼 불렸다. 그 시간만큼 시루가 중요하다는 의미일 것이다. 이러한 시루는

계란형 토기와 시루

사람들이 손으로 들기 쉽도록 양옆에 길다란 손잡이를 만들었다.

아궁이에 불을 지피며 나는 연기는 굴뚝을 만들어 집 밖으로 빼냈다. 부뚜막 한쪽에 굴뚝을 세운다. 조리 혁명이다. 우리 시대엔 가스레인지 환풍기가 굴뚝과 같은 역할을 한다. 태목리의 마한 사람들은 이 아궁이마저 예쁘게 만들려고 했다. 부뚜막의 아궁이에 장식했던 아궁이테가 출토되었는데 돋을새김으로 장식한 토기다. 아궁이 윗면에는 물결무늬 또는 톱니날무늬로 장식했다.

우리 조상들은 집 안에 신이 있다고 믿었다. 부엌을 지키는 신이 바로 조왕신이다. 우리 할머니는 설이나 추석에 제사를 지낸 후면, 어김없이 부뚜막에 숟가락을 푹 꽂은 고봉밥과 국을 함께 올려놓으셨다. 그리고 내게 뒷마당에 갖다 놓으라고 심부름을 시키셨다. 가뜩이나 시려운 새벽바람을 맞는 게 싫었다. 지금 생각하니 할머니는 부엌을 관장하는 조왕신께 인사드린 것이었고, 내게는 집안의 성주신을 모시는 의식에 참석할 기회를 주신 것이었다.

태목리를 갔을 때는 가을에서 겨울로 넘어가는 시기, 찬바람이 불고 있었다. 거친 가을의 갈대밭을 굽어보며, 이 땅에 살았던 마한 가족들의 일상을 떠올려보았다. 마한의 아이들이 여기저기서 뛰어놀고 있다. 저 멀리 마을 입구에는 사슴이나 멧돼지를 사냥하거나 영산강의 물고기를 잡다가 집으로 돌아오는 아버지들이 보인다. 집자리로 시선을 옮겨보자. 마한의 어머니들은 집자리 아궁이에 불을 때며 식구들을 위해 밥을 준비하고 있다. 이집 저집 굴뚝에선 연기가 피어오르고 있다. 아마 뉘엿뉘엿 어둠이 깔리기 시작하면 식구들은 집자리에 모여 앉아 삼삼오오 함께 밥을 먹을 것이다. 부엌에서 만든 따뜻한 음식은 가족의 소중한 한 끼가 되었을 것이다. 지금도 이곳 인근에는 유명한 추어탕집이 많은데, 북광주 IC에서 빠져나오면 금방 도착할 수 있는 강의리 추어탕이 대표적이다. 강의리 추어탕에서 내오는 추어탕도 맛있지만, 여름에 함께 나오는 열무순을 사각사각 씹을 때의 그 맛이 더 기억에 남는다.

영산에서 무등으로, 역사는 흐른다

강과 산은 하나의 틀로서 한국인의 삶을 구성하는 공간적 원형이다. 이 땅은 영산강과 아울러 어머니의 품인 무등산과 만난다. 무등산은 광주, 담양, 화순군에 걸쳐 우뚝 솟아 있는 1187미터의 산이다. 영산강과 무등산은 마한 사람들, 그 후손이 터를 내린 역사적 무대다. 영산강이 담양에서 시작되어 흐르듯, 무등산 자락이 힘차게 달려와 멈춘 곳이 바로 담양이다. 영산강과 무등산이 남도의 상징이니, 담양은 늘 그 중심에 있었다.

이곳 무등산과 영산강이 보이는 곳에 지식인들의 세상에 대한 담론과 소통이 무르익던 공간이 만들어진다. 2004년 당시 과천의 중앙공무원교육원에서 1년 동안 공무원이 되는 교육을 받았다. 교육생들이 가장 기다리는 프로그램은 서로가 함께 다녀오는 3박 4일 지방 답사였고, 가장 인기 있는 지역은 '남도'였다. 담양과 보성, 순천 등을 도는 코스였다. 그때 처음 이곳을 둘러보았다.

최근 20년 전 다녀왔던 가사문학관을 다시 방문해보았다. 이번에는 광주에서 고속도로를 타지 않고 무등산을 따라 담양으로 이어지는 길을 택했다. 무등산 속 사찰 원효사를 지나 무등산 수박의 맥을 잇고 있는 금곡마을을 거쳐 생태원을 지나니 가사문학관이 나왔다. 주옥같은 가사문학이 잉태된 산실이다. 가사문학관에서 무등산 사계절의 아름다움을 담은 송순의 〈면앙정가〉를 떠올려보았다.

인간을 떠나와도 내 몸이 겨를 업다.

이것도 보려 하고 져것도 드르려코

바람도 혀려하고 달도 마즈려코

밤으란 언제 줍고 고기란 언제 낙고

시비柴扉란 뉘 다드며 딘 곳츠란 뉘 쓸려뇨.

아침이 낫브거니 나조회라 슬흘소냐.
오늘이 부족不足커니 내일來日리라 유여有餘하랴.

세상을 떠나와도 자연을 즐기느라 여유가 없다고 한다. 바람도 쐬고, 달도 맞고, 밤도 줍고, 고기도 낚는다. 그러다 보니 사립문은 누가 닫고 떨어진 꽃은 누가 쓸겠는가 걱정한다. 하루 종일 자연을 즐기느라 시간이 없다는 송순의 가사에서, 할 일 없이 빈둥빈둥 노는 양반의 게으름보다는 하루하루 주어진 일상을 충실히 살아내는 영화 〈퍼펙트 데이즈〉의 도쿄 청소부 히라야마의 모습을 떠올렸다. 삶에서 일어나는 '사건'이 아니라 삶을 대하는 '태도'를 배운다.

가사문학관 근처에는 송강 정철 문학의 산실 식영정과 한국 최고의 개인 원림 소쇄원이 있다. 소쇄원은 스승인 조광조가 죽은 후 벼슬을 떠나 담양에 낙향한 은둔자 양산보가 만든 곳이다. 그는 이곳에 머물며 유일한 낙으로 정자를 가꾸었는데, 그 정자가 화려한 서양과 섬세한 일본과는 다른 한국 원림의 미, 담백함과 단순함의 미를 보여준다. 소쇄원은 마음을 비우고 싶을 때 여러 번 갔지만 가장 좋을 때는 비 오는 날 오전이다. 고즈넉한 소쇄원에 들러 대나무 바람 소리에 스치는 비의 잔향을 맡을 수 있었다. 명품 향수의 인위적인 향기와는 아주 다른, 상쾌하고 편안한 냄새다.

원림이라고 부른다. 주택에서 인위적인 조경작업을 통해 분위기를 연출한 '정원'과는 달리, 교외에서 동산과 숲의 자연스러운 상태를 그대로 조경 대상으로 삼아 적절한 위치에 집과 정자를 배치한

것이라는 뜻이다. 소쇄원은 정원이 아니라 원림이다.

시간은 멈추지 않지만,
잊히지도 않는다

　　지금의 담양은 죽녹원, 관방제림, 메타세쿼이아 길이 어우러진, 환경과 자연과 문화가 조화를 이루는 땅이다. 담양은 가로수도 조림수도 대나무다. 대나무에 진심인 지역이다. 담양을 거닐다 보면 그 대나무 숲을 흔드는 바람소리와 바람에 흔들리는 대나무 이파리의 율동이 더 멋지다. 담양엔 마한인의 숨소리, 조선 시대의 글 읽는 소리, 그리고 지금의 대숲 바람소리가 한데 어울려 화음을 이룬다. 담양은 과거와 현재, 미래가 만나는 땅이다.

고속도로 톨게이트를 지나는데 차창 너머로 가을 갈대가 흔들리는 태목리가 보였다. 문득 깨달았다. 이곳은 시간이 겹쳐진 다층적 공간이었다. 내가 통과하는 톨게이트가 현대와 과거의 경계처럼 느껴졌다. 톨게이트 아래로 지난 시간의 기억들이 흐르고, 그 위를 현재의 바퀴가 지나가는 듯했다. 담양 태목리 유적의 시간은 고요히 그 자리에 남아 있지만 현대는 그 위에서 또 다른 기억을 쌓아가고 있다.

'시간은 멈추지 않지만, 잊히지도 않는다'.

나는 톨게이트 뒤로 점점 작아지는 담양의 풍경을 바라보며 그렇게 생각했다.

광주,
신창동에서 만난
마한의 꿈

　　　　　나의 직장 국립아시아문화전당이 위치한 곳은 광주광역시 동구 문화전당로 38이다. 나는 이 장소에서 일하고 있음이 아주 자랑스럽다. 나의 직장은 1980년 5월 시민군이 계엄군에 맞서 최후까지 항전했던 옛 전남도청 부지에 건립되었다. 동구청과 연해 있는 지상층에는 과거 외부의 적으로부터 백성을 보호하던 광주읍성 터의 흔적이 있다. 5.18민주광장에는 고려 시대의 큰 절 대황사의 옛 터에 석등이 남아 있다. 광주에서 태어난 작가 한강은 한국인 최초로 노벨문학상을 받았고, 작가의 대표작《소년이 온다》의 무대가 된 상무관도 지척이다. 절터가 읍성이 되고, 읍성이 도청이 되고, 도청은 이제 국립아시아문화전당이 되었다. 나의 일상은 여러 시대의 역사와 다양한 장소 기억을 품고 산다.

　　광주는 우리 현대사 최대의 격전지라는 강렬한 이미지로 인해, 그 이전의 다채로운 모습이 가려지는 것은 안타깝다. 광주에는 1980년 5월의 모습뿐 아니라 다양한 시대의 모습이 공존하고 있다. 실제로 빛고을이라는 별칭은 고려 말 목은 이색의 《석서정기》에서 광주를 빛의 고을光之州로 지칭한 데서 유래했다. 광주에는 영산강이 흐르고 무등산이 늘 시야에 들어온다. 이러한 지리적 특성 덕에 '한'이라는 우리의 민족 정체성이 만들어지던 삼한 시대에 걸출한 유적지 신창동이 탄생했다. 조선 시대에는 광주읍성이 있었고, 지금은 사라졌지만 예술의 원천이자 한여름 피서지였던 경양방죽이 있었다. 광주에서 다양한 시간의 켜가 발견된다면 광주의 이미지는 보다 다채롭고 입체적으로 그려질 것이다.

역사의 타임캡슐, 신창동 저습지 유적

광주 시내에서 호남고속도로를 타고 가다 보면 영산강교를 건너게 된다. 그 아래 펼쳐진 곳이 바로 신창동 유적지이다. 행정구역상으로는 광주광역시 광산구에 속한다. 신창동은 기원 전후 시기 마한의 대표적인 취락 유적이다. 인간의 정착지는 언제나 풍부한 물과 비옥한 충적토를 찾아 터를 잡았다. 풍요로운 양식의 근원인 물줄기를 끼고 마을이 형성되는 법이다. 신창동 역시 영산강을 끼고 자리했다.

내가 처음 신창동 유적지를 만난 것은 뙤약볕이 내리쬐던 2022년 8월 여름이었다. 잡초만 무성한 빈 터에 신창동 유적지를 알리는 표지판만이 덩그러니 서 있었다. 그때는 마한유적체험관 개관 이전이었다. 마한사에 해박한 박중환 전 관장은 이곳을 처음 방문한 우리에게 신창동 유적의 의의를 설명해주었다. 마치 타임머신을 타고

그 시절로 날아간 듯, 평화롭게 농사를 짓고 있는 남자들과 삼삼오오 길쌈에 여념 없는 여인들의 모습이 상상되었다. 그 후부터 세종과 광주를 오가는 길에 짬이 나면 신창동에 들러 홀로 멍하니 있다 오곤 했다. 그렇게 나는 신창동을 만나왔다.

이탈리아 유적 도시 폼페이는 옛 것을 사랑하는 모든 이들에겐 판타지의 장소다. 나에게 '폼페이'는 다름 아닌 신창동이다. 신창동은 내게 있어 마한에 대한 판타지 그 자체였다. 신창동 유적지에 깃든 무궁무진한 이야기 때문이었다. 신창동은 무덤 유적이 아닌 생활사 유적지이다. 고대인의 의식주와 관련된 유물들이 다채롭게 출토되어 당대의 일상과 풍속을 생생히 보여준다. 당시의 생활 모습, 생산 활동, 장례풍습이 아주 잘 남아 있다. 고대 사회 지배층의 무덤이 한 편의 단편소설이라면, 신창동의 취락 유적은 박경리의 대하소설 《토지》처럼 다양한 계층의 군상이 빚어내는 일상의 파노라마 같다. 마한은 우리 고유의 문화 원형이 태동한 시기였다. 신창동 유물에는 그 기원이 응축되어 내 마음을 설레게 한다.

신창동이 세상에 알려진 계기는 65년 전으로 거슬러 올라간다. 1960년 어느 광주 향토사학자가 신창동을 지나다 거꾸로 박힌 토기를 발견해 신고했고, 조사 결과 1963년 50여 기의 옹관묘가 확인되었다. 모든 사라지는 것들은 흔적을 남긴다.

신창동에 묻힌 역사의 층위가 두텁고 다양하다 보니, 발굴조사도 여러 차례 이루어졌다. 넓은 유적의 전모를 한 번에 밝혀내기란 불가능에 가깝다. 유적은 개발 행위에 따라 부분적으로 모습을 드러낸다. 신창동 역시 1960년대 첫 발굴 이후 잇따른 후속 조사가 이어졌다. 발굴조사는 아파트를 짓거나 고속도로를 내거나 하는 개발 행위와 맞물려 이루어진다. 광주에서 장성으로 넘어가는 1번국도 직선화 공사 과정에서 유물이 쏟아져 3만 8,436제곱미터의 광활한 면적이 사적 제375호로 지정되었다.

신창동에서 유독 많은 유물이 출토된 데에는 저습지 유적이라는 입지적 특성이 한몫했다. 영산강 범람으로 토사가 유입되어 형성된 자연 저습지는 주변보다 지면이 낮아 항시 물에 잠겨 있었다. 이런 환경에서는 인간 활동의 증거인 목재 연장, 직물, 씨앗 종자, 음식물 등이 부패하지 않고 오롯이 남는다. 저습지 유적은 마치 과거로 통하는 '역사의 타임캡슐'과도 같다. 신창동은 아직 20퍼센트도 발굴되지 않았다. 100퍼센트 베일을 벗는 날, 신창동이 들려줄 비밀은 얼마나 거대하고 깊을까.

고대 생활사의 보고 신창동,
의식주를 말하다

신창동은 마한의 초창기 모습을 보여주는 유적지다. 기원전부터 기원후까지 이어지는 마한의 시간과 겹친다. 인근에는 월계동 장고분, 영산강 상류의 담양 태목리 유적 등이 자리한다. 태목리에서 발굴된 62미터에 달하는 대형 고분은 세간을 놀라게 했다. 신

광주 신창동 유적 설명 안내판

창동, 태목리, 월계동을 잇는 강대국이 존재했음이 분명하다.

중국의 역사책 《후한서》 동이열전을 보면 마한 사람들은 농경과 양잠을 할 줄 알며 길쌈을 하여 베를 짰다고 한다. 실제 마한 사람들의 의복은 어떠했을까. 신창동이 답해준다. 신창동에서는 삼베, 비단 등 의복 재료가 출토되었다. 《삼국지》 위서 동이전에는 '마한은 누에 치는 법을 안다'라는 기록이 전한다. 마한의 기품 있는 여인들은 비단옷에 구슬 장식을 더해 한껏 멋을 냈으리라. 광주 도심 충장로를 가보라. 최신 트렌드의 의상과 신발 가게들이 즐비하다. 광주 사람들이 패션에 진심인 것은 신창동에서부터 시작된 것이다.

그렇다면 마한 사람들의 신발은 어떠했을까? 신창동이 말해준다. 유일하게 신창동에서만 출토된 희귀한 유물이 있으니 바로 신발골이다. 신발골은 가죽신이나 짚신을 만들 때 형태를 유지해주는

신발골과
칠기 칸막이 그릇

나무틀이다. 신창동 사람들은 이 신발골로 가죽신을 만들어 신었을 것이다. 신발골로 만든 세련된 가죽 신발을 신은 '고대판 댄디'를 떠올려보라.

마한 사람들의 식단은 또 어떠했을까. 당시엔 수렵이 중요한 식량 마련 경로였다. 수렵 활동은 마한인들 간의 협동심을 기르고, 그 경험은 후대로 전승되었을 것이다. 생존이 걸린 협업이 절실했던 시대다. 수렵 전후로는 영적인 집단의례도 치러졌을 터, 그 의식에서 현악기 연주도 빠질 수 없었을 것이다. 동물이 허락해준 덕에 사냥이 가능하다 여기고, 동물의 영혼에 감사드리는 의미로 제의를 올리고 노래를 불렀으리라.

신창동에는 당대 마한 사람들의 식생활 흔적이 고스란히 남아 있다. 청동기 시대보다 진화한 밀, 보리 등의 작물이 출토되었다. 벼농사도 활발했던 듯, 벼 껍질이 다량 확인되었다. 예부터 호남은 곡식이 풍성한 곳이었다. 길이 155센티미터에 달하는 벼 껍질 더미가 발견되기도 했는데, 중국의 대표적 신석기 농경 유적인 저장성의 허무두 유적보다 다섯 배나 많은 양이라 한다. 역시 신창동, 호남은 곡창이 맞다. 벼 품종은 통통하고 짧은 '자포니카'종으로 추정된다. 충분한 양의 벼를 생산하려면 둑이나 수로 등의 수리시설이 필수다. 잘 알려진 고대 저수지로 김제 벽골제가 있는데, 신창동 인근에도 그와 유사한 시설이 갖추어졌으리라 여겨진다.

칠기 유물이 출토된 점도 흥미롭다. 조선 시대 영산강 일대가 '칠천'으로 불렸다는 사실에 비추어볼 때, 광주의 칠기 전통은 마한 시기까지 소급될 수 있다. 《동국여지승람》의 기록이다. 지금이야 화학적으로 페인트를 만들 수 있지만 그때는 자연재료를 썼다. 그 자연재료가 바로 옻이다. 옻은 인류에게 많은 선물을 안겼다. 옻나무 수액을 채취해 칠하면 아름답게 광이 나면서도 습기와 해충, 부패로부터 물건을 보호해준다.

《삼국지》위서 동이전에는 '마한은 소와 말을 타는 법을 모르고 장례에 써버린다不知乘牛馬 牛馬盡於送死'라는 기록이 전한다. 하지만 신창동에서 말이나 소가 끌었던 수레의 흔적이 발견되었다. 지름 160센티미터 크기의 바퀴통과 바퀴살이 출토된 것이다. 생활용품 중에서는 불을 피우는 도구인 발화구도 눈에 띈다.

신창동 유물 이야기는 무궁무진하다. 그 광대한 유물의 세계를 만나고 싶다면 '국립광주박물관'과 '마한유적체험관'으로 가보자. 박물관은 '역사적 감성'을 일깨우는 공간이다. 유물 앞에 선다는 것은 사라진 시공간에 속했던 물건의 고유한 시간성과 마주하는 일이다. 비록 마한의 시간과 공간은 사라졌지만, 그 물건들은 박물관에서 여전히 당대의 기억과 색채, 희열을 간직한 채 우리를 기다리고 있다. 우리는 그 앞에서 온전히 마한의 시공을 전유할 수 있다.

국립광주박물관은 광주비엔날레전시관, 광주역사민속박물관, 광주시립미술관 등과 어우러져 있다. 구겐하임 미술관, 메트로폴리탄 뮤지엄 등 10개 뮤지엄들이 밀집한 뉴욕 도심의 뮤지엄마일 Museum Mile이나 베를린 슈프레강 북쪽에 페라가몬 박물관 등 국립 박물관이 밀집해 유네스코 세계문화유산에 등재된 박물관섬Museuminsel 에 견줄 만한 규모는 아니지만, 박물관과 미술관이 마치 마을처럼 한데 어울려 조성된 풍경이 매력적이다. 적막하면서도 기품 있는 국립광주박물관은 기억과 시간의 층위를 켜켜이 쌓아올린 거대한 성채와도 같다. 유려한 곡선을 배제하고 직선과 각을 강조한 기와 형태의 지붕은 안정감과 단아함을 느끼게 한다. 단순한 유물 수장고가 아닌, 과거로 통하는 관문인 셈이다.

2층 상설전시실 한켠을 마한의 역사가 차지하고 있다. 그 시대의 숨결과 눈을 맞출 수 있다. 어둑한 조명 속 반짝이는 유물들은 우리에게 말을 걸어오는 듯하다. 밭을 갈 때 사용했던 따비, 반파된 신창동의 현악기와 북, 고대의 문짝들, 마한인 식탁에 올랐을 법한 사각 나무 접시가 눈에 띈다. 재첩과 우렁이, 다슬기, 물고기 잡는 통발이 땅속에 묻혀 2천여 년 동안 버텨온 모습은 출토 당시 모습대로 전시되어 있다. 불을 피우던 발화구도 볼 수 있는데, 마찰력을 이용한 도구는 과학의 원초적 모습을 목도케 한다. 신기한 것은 신창동의 무덤 주인의 가슴에 올려진 부채다. 통상 부채는 바람을 일으키는 도구인데, 무덤 안의 부채는 무슨 의미를 담고 있을까. 당시 신창동에 살았던 2천 년 전 마한인의 전신 인골도 전시돼 있는데 그 위에 꽃 한 송이가 놓여 있다. 오늘의 세대가 과거 세대에 바치는 애틋한 추모의 마음이다.

마한유적체험관은 신창동 유적지에 위치해, 2천 년 전 마한인의 일상을 재현하고 체험할 수 있게 꾸며졌다. 아이들과 함께 마한사를 배우고 체험하기에 안성맞춤이다.

도시에 스며든 마한의 숨결, 월계동과 명화동 고분

광주 외곽 영산강변에는 마한의 흔적이 깃든 독특한 형태의 고분 두 기가 자리한다. 우리 전통악기 장고를 닮았다 하여 장고분이라 불리는 무덤이다. 유독 전라도에서만 발견되는 것으로, 광주에만 두 기가 있다. 월계동 장고분과 명화동 장고분인데 비슷한 시기에 세상에 알려졌다.

내가 처음 장고분을 본 것은 2022년 여름이었다. 박중환 전 관장과 함께 우리는 월계동 고분을 찾았다. 그는 장고분 발견 당시 무덤 형태를 두고 한일 양국의 촉각이 곤두섰다는 분위기를 전해주었다. 일본의 《아사히신문》이 1면 톱기사로 다뤘고, 청와대가 발칵 뒤집혔다는 뒷얘기가 흥미로웠다. 그 이유는 장고분이 고대 일본 특

유의 대형 무덤인 전방후원분前方後圓墳과 형태가 유사해서였다. 전방후원분은 한쪽에 사각형의 방인 제단을 만들고, 다른 한쪽에 둥근 봉분을 만든 무덤이다. 장고분은 일본계 전방후원분과 닮았다 해서 이슈가 되었지만, 이는 당시 마한과 일본의 문화 교류 과정에서 파생된 무덤 형태로 이해하면 될 듯하다.

월계동 고분은 여름날 푸른 수풀에 둘러싸여 있었다. 주변에는 아파트가 즐비하게 들어서고 영산강이 흐르고 있었다. 영산강을 따

라 무덤이 만들어진 것이다. 우리가 사는 도시는 늘 뉴^{New}다. 도시는 과거를 버리고 새로움을 지향하지만, 역사적 존재로서의 나를 잊지 않게 해주는, 과거를 품은 도시는 멋지다. 해가 찬란하게 뜨는 여명의 순간이나, 지는 해가 주변을 붉게 물들이는 일몰의 시간에 이 공간을 산책할 수 있는 주민들은 참 복되다는 생각을 했다. 그들은 다양하고도 깊은 역사적 층위에 살아가기 때문이다.

또 하나의 장고분인 명화동 고분은 해뜰 무렵이나 해질 무렵 가끔 다녀오기도 했다. 이곳은 첨단산업을 육성하기 위해 만들어진 평동산업단지 근처에 있다. 인구 150만 명의 도시 광주에 마한의 무덤이 있다니, 놀랍고 신기하다. 무덤이 있는 마을 이름이 참 곱다. 명화마을, 목화솜처럼 가볍고 평화로운 느낌을 주는 마을이다. 무덤 위 석실이 도굴과 파괴로 흔적만 남아 있어 아쉬웠다. 금동 귀걸이, 쇠 화살촉, 접시, 토기 조각들이 나왔다 한다. 이 중 무덤 가장자리에 원통 모양의 토기가 여러 개 세워진 채 발견되었는데, 망자를 추모하는 의식에 사용된 토기로 추정된다.

무덤 뒤로 여러 모양과 색깔을 가진 의자가 네 개 놓여 있다. 가끔 앉아보기도 하는데, 이곳에 앉아 있으면 평동저수지가 한눈에 보인다. 마한 사람들의 흔적이 남아 있는 곳에서 고즈넉이 바라보는 저수지 풍경은 정말 평화롭다. 최근에는 저수지 주변으로 둘레길이 조성되고 있었다. 마을 근처에는 입소문이 자자한 '애호박국밥' 맛집이 있다. 빨간 국물의, 맵지 않고 담백한 맛이 일품인 곳이다 근처에 들르면 꼭 먹어야 하는 맛이다.

떠도는 마한인, 떠도는 고려인

마한은 고조선 유민에 의해 건국되었다. 디아스포라에서 시작한 마한의 역사는 이후에도 계속되었다. 변화무쌍한 역사는 그 시대 사람들을 유랑의 길로 내몰곤 한다. 백제의 영토 확장에 밀려 마한 사람들은 옛 땅을 등지고 일본 열도로 떠났다. 주로 바다를 건너면 닿을 수 있는 규슈 지역이다. 그들은 일본 사료에서 도래인, 귀화인으로 기록된다.

최근 일본에서도 마한인들의 흔적이 발견되고 있다. 새발자국무늬토기(조족문토기), 두 개의 귀가 달린 항아리(양이부호) 등 마한 특유의 토기가 일본에서 출토된 것이다. 나는 2022년 봄, 후쿠오카 다자이후시에 있는 규슈국립박물관에서 이 토기들을 보았다. 일본 열도에서의 마한의 흔적을 찾고 싶었는데 그 연결고리를 직접 보게 된 것이다. 규슈국립박물관은 '일본 문화의 형성을 아시아적 관점에서 파악한다'라는 모토로 설립된 국립박물관이다.

일본 학계에서는 야요이 시대부터 7세기까지 약 천년에 걸쳐 한반도에서 건너간 사람이 150만 명에 이른다고 추산한다. 3세기 충청 지역의 마한인들이 백제에 밀려 넘어갔고, 4세기 중반에는 충청 내륙지역과 전북 지역 마한인들이, 6세기 중엽에는 영산강 유역을 중심으로 한 마지막 마한인들이 넘어갔다. 그들은 일본 열도를 떠도는 디아스포라로서의 삶을 살아갔다.

광주 속 디아스포라, 고려인 마을

광주 월계동 장고분 인근 월곡동에는 고려인마을이 있다. 현재를 살아가는 고려인 디아스포라들이다. 일본에서 살아갔던 마한의 디아스포라처럼 국내 최대의 고려인 정착지역으로 7천여 명의 고려인들이 옛 소련에서 귀환해 살고 있다. 그들은 일제 강점기에 '국권을 회복하겠다'라는 일념으로 고향을 등지고 러시아 연해주와 북간도로 떠난 선조들의 후손이다. 스탈린 시대의 강제이주라는 시련도 이겨냈다. 1937년 스탈린은 고려인을 '일본 스파이'로 몰아 지도층을 처형하고, 중앙아시아 황무지로 대규모 강제이주를 감행했다. 그들은 척박한 땅에서도 꿋꿋이 뿌리내렸다.

 90년대 후반 소련 해체 후 그들은 다시 유랑길에 올랐다. 정처없이 떠돌다 정착한 곳이 광주였다. 2001년 우즈베키스탄 출신 고려인 3세 신조야 씨를 필두로 광주행이 시작되었고, 당시 외국인 노동자 지원활동을 펼치던 이천영 목사의 도움으로 마을이 형성되었다. 지금도 그는 하루도 빠짐없이 많은 사람들에게 고려인 마을의 일상을 전한다. 그렇게 입소문이 퍼지면서 국내외에 있던 고려인들이 광주로 모이기 시작했다.

 그들에겐 황무지를 일군 조상의 피가 흐른다. 홍범도 장군 동상이 있는 다모아어린이공원을 중심으로 마을이 형성되어, 고려인역사유물전시관, 문 빅토르미술관, 어린이집, 고려방송 등 그들이 만든 자치조직은 강력하다. 그들을 보며, 백제에 밀려 이 지역을 떠나 일본열도 등으로 떠났던 마한의 선조들을 떠올렸다. 그들의 실체는 알려진 것도 없고, 시간이 많이 흘러 찾을 길도 없다. 그러나 상상해 볼 수는 있다. '사납고 용맹한' 성격은 일본에서도 억척스럽게 사는 동력이 되었을 것이다. 지금 고려인마을의 고려인들이 그러하듯,

마한계 일본열도 이주민들의 삶도 강인한 생명력과 우수성을 보여주었을 것이다.

마한의 디아스포라들이 생각날 때 이곳 고려인 마을을 가보곤 했다. 다모아어린이공원의 홍범도 장군 동상에 인사하고, 고려인 식당 가족카페에서 고려인의 빵 리포르시카를 먹었다. 신조야 대표가 활동하는 고려인들의 사랑방에서는 한 상 가득 차려진 빵을 둘러싸고 도란도란 이야기를 나누고 있었다. 아마도 1500년 전 일본 열도에서 마한 사람들도 그렇게 모여 떠나온 고향 마한 땅을 그리워하지 않았을까.

도시는 다양한 시간을 품고 있다. 우리가 사는 터전은 다양한 이야기를 지닌 상이한 역사적, 지역적 기억들이 만나 어우러지는 지점이다. 광주의 가장 강력한 시간은 1980년 5월 18일이지만, 이제 그 터 위에 마한 신창동의 시간을 기억하고 월계동과 명화동의 장고분의 시간도 입히자. 근대의 기억을 품은 양림동도 산책해보자. 가깝게는 고려인 디아스포라 고려인 마을을 더욱 사랑하고 아껴주자. 다양한 시간의 켜, 깊은 역사적 층위가 광주에 담길 때 광주의 온전한 아름다움이 드러나리라 믿는다.

나주,
마한의 영광이 깃든 곳

나주는 내가 사랑하는, 내가 가장 자주 다녀온 '전라도 땅'이다. 내가 좋아하는 것들이 지천으로 깔려 있다. '조선판 스카이 캐슬' 드라마 〈슈룹〉의 촬영지인 멋진 나주향교도 있고, 먹거리로 나주곰탕과 영산포의 홍어거리도 유명하다. 나주는 의로운 곳이라 광주학생독립운동의 진원지가 되기도 했다. 한국 여학생들을 희롱한 일본인 남학생들과 한국 남학생들 간의 충돌이 나주역에서 발생하면서 전개된 사건이다. 청량한 쪽빛 농담의 천연염색과 무늬결이 완전 멋들어지고도 두께감이 좋은 나주소반의 고장이다.

무엇보다 이곳은 역사와 문화가 함께 있는 곳이다. 나주는 예부터 '천년 목사골'이라 했다. 고려 성종 때부터 지방 행정조직인 목이 설치되어 조선 시대 말까지 천 년간 유지되었다. 더욱이 나주는 고려 창건에 큰 공헌을 한 지역이기도 하다. 고려 태조 왕건은 나주의 호족 세력과 결합하여 후백제 견훤 세력을 물리쳤다. 왕건의 왕후 오 씨가 바로 이곳 나주 출신 아닌가. 나주는 왕조를 만들어낸 건국 세력이다.

거기에 전라도라는 명칭도 전주와 나주를 합쳐서 일컫는 말이었다. 나주는 찬란했던 과거의 기억과 그 자부심을 갖고 있는 곳이다. 나주평야의 쌀을 모아 영산포를 통해 목포항으로 운반하기 딱 좋은 입지여서 일제 강점기에는 대농장을 소유한 쿠로즈미 이타로 가옥 같은 호화스런 주택이 들어서기도 했다. 수탈에 앞장선 동양척식주식회사 문서고, 조선식산은행 등이 영산포에 생겼다.

소설가 문순태의 《타오르는 강》이 탄생한 배경이다. 영산강과 영산포에 살아온 민중의 애환을 담은 이 소설은, 일제에 땅을 빼앗긴 농민들이 땅을 되찾기 위해 벌이는 눈물겨운 투쟁사를 그렸다. 노비세습제 폐지로 자유의 몸이 된 형제 웅보와 대불이 주인공이다. 현재 일본인 지주가옥인 쿠로즈미 이타로 가옥에는 '타오르는 강 문학관'이 들어섰다. 지금은 나주혁신도시가 생겨 구도심과 신도심이 서로 경계를 이루며 발전하고 있다.

이러한 역사는 삼한의 중심 마한까지 이어진다. 나주는 마한이 가장 번영한 땅이었다. 반남 고분, 복암리 고분 등 영산강 유역에 마한의 문화가 가장 융성했던 무덤군이 넓게 펼쳐져 있다. 복암리 전시관, 국립나주박물관 등 마한이 남긴 유물을 가장 체계적으로 볼 수 있는 곳도 나주다. 마한 여행의 시작은 나주가 되어야 한다.

영산강이 품은 고분의 비밀을 만나다, 국립나주박물관

　　　　　　지금껏 밝혀진 마한 문화유산의 세계를 보여주는 곳이라면 단연 국립나주박물관을 꼽을 수밖에 없다. 국립나주박물관은 최근 상설전시실을 개편했다. 상설전시실은 그 박물관의 정체성을 보여주는 곳으로서, 지방에 있는 국립박물관은 10년에 한 번씩 개편 작업을 하는데 그것이 2023년 완료되었다. 지금 국립나주박물관에 가면 새로 정비된 상설전시를 볼 수 있다.

　국립나주박물관은 나주 도심에서 18킬로미터 떨어져 있어 자동차로 20여 분을 가야 한다. 도심에서 떨어져 있는 대신 마한 무덤인 반남 고분군에서 가깝다. 국가 사적으로 지정돼 있고, 북극성을 뜻하는 자미산을 중심으로 낮은 언덕에 무덤들이 대안리, 신촌리, 덕산리에 무리를 지어 있다. 행정구역상 반남면에 속한 이곳에는 영산강이 흐르고 앞으로는 넓은 들이 펼쳐진 풍요로운 땅이다. 한 무덤 안에 여러 개의 옹관을 묻는 마한의 독특한 문화를 간직하고 있다.

　신촌리 9호분에서는 금동관이 나와 세상을 놀라게 하기도 했다. 6세기까지 이어져 온 영산강 유역의 화려한 고대 문화를 한눈에 보여주는 중요한 문화유산이 이곳 반남 고분군이다. 그 마한의 유적지 한복판에 국립나주박물관이 있다.

　국립나주박물관에 간다면 여유를 두고 전망대로 올라가야 한다.

전망대에는 지도 표시판이 있어 이곳을 둘러싼 유적의 지형을 조망할 수 있는 지도가 펼쳐져 있다. 대안리, 신촌리 무덤군을 한눈에 볼 수 있다. 바로 앞에 있는 덕산리 3호분, 4호분, 5호분에, 멀리로는 신촌리 7호분까지 있다. 잘 보면 자미산성까지 볼 수 있다.

남도의 사계절과 함께 물드는 옹관들

국립나주박물관 1층에 상설전시실이 있다. 고분문화실과 역사문화실로 나뉘는데, 영산강 유역의 마한 문화와 관련된 곳은 고분문화실이다. 고분문화실은 영산강 유역을 중심으로 조성된 독특한 고대 고분문화를 소개하고 있다. 크게는 독널실과 고분유물실로 나누었다. 독널실은 독널실, 나주 복암리3호분실, 신촌리9호분 금동관실로 나뉘는데, 독널실에는 80여 점의 대형 독널이 '영원한

안식'이라는 주제의 미디어아트 영상과 함께 전시되어 있다. 고분유물실은 고분에서 출토된 구슬, 토기 등 각종 껴묻거리 등을 소개하고 있었다.

국립나주박물관에 가서 제일 먼저 봐야 하는 것은 옹관이다. 옹관은 이 박물관의 시그니처 장면으로, 옹관을 어떻게 보여주느냐가 이 박물관 학예실의 역량이라고 말할 수 있겠다. 유물도 좋아야 하지만 그 유물에 대한 정보를 어떻게 방문객에게 전할지는 더욱 중요하다. 유물과 유적을 둘러싼 커뮤니케이션이 박물관의 능력을 좌우하기 때문이다. 방문객들이 유물에 대한 정보를 지루하지 않게 재밌게 얻어갈 수 있어야 한다. 재미와 아울러 감동까지 전할 수 있다면 더욱 좋다.

과거 이 박물관의 옹관을 전시하는 방식은 시각적으로 충격을 주는 쪽이었다. 압도적인 크기의 옹관을 전시장 전면에 배치하는 것이다. 한 번도 보지 못한 옹관의 행렬을 마주한 순간, 사람들은 감

탄할 수밖에 없다. 그런데 올해 가서 본 옹관의 전시는 과거와는 다른 방식이어서 신선했다. 대형 독널 80여 점과 함께 벽면에는 '영원한 안식'이라는 주제의 미디어 아트 영상이 상영되고 있었다. 영상을 배경으로 활용해서 옹관이 갖는 죽음의 의미와 미감을 방문객과 정서적으로 교감하려는 의도인 듯했다. 흩어져 있는 대형 옹관 뒤로 남도의 사계절 영상이 펼쳐지고 있었다.

하늘과 산과 무덤이 눈에 들어온다. 하얀 모래 위에 순백의 옹관이 전시되어 있다. 황토색, 갈색, 크림색의 다양한 크기의 수십 개 옹관이 자태를 뽐어낸다. 옹관 뒤로는 나주의 들판이 다채롭게 펼쳐진다. 갈대가 무심히 바람에 흔들리다가, 장면이 바뀌어 보름달이 환하게 뜨기도 한다. 휘황찬란한 달빛 아래 갈대와 옹관이 쌍을 이루어 춤을 추는 환영을 보는 것 같다. 영상에 하얀 눈이 내리기 시작하면 마치 옹관은 순백의 옷을 갈아입은 듯, 추사의 세한도를 볼 때의 느낌이 되살아난다. 추운 겨울 눈바람을 맞으면서도 변함없는 옹관의 꺾이지 않는 옹골차고 단단한 마음을 보는 것만 같다.

전라남도의 옹관의 현황을 보여주는 지도가 있다. 광주 신창동, 나주 대안리, 함평 예덕리 만가촌, 영암 내동리, 담양 태목리, 무안 사창리와 구산리, 해남 부길리, 신안 신용리, 장흥 구룡리 등 전라남도 전역에 걸쳐 총 71곳에서 다양한 옹관이 쏟아져 나왔다. 여기에 목포, 완도, 진도, 여수와 순천, 구례 등은 빠져 있는데, 그렇다면 이들 지역은 마한 사회와는 다른 정치체가 있었다는 것일까. 순천에 이 시대 가야 문화의 흔적이 남아 있기는 하나, 이 부분에 대한 정확한 답은 알 길이 없다.

옹관은 제작하기가 어려워 정교한 기술적 완성도가 요구되는 작업이다. 이러한 수준 높은 기술을 마한 사회가 갖고 있었다. 그 도요지로 추정되는 곳이 나주 오량동 가마터인데 이곳도 사적으로 지정되어 있다. 여기서 만들어진 옹관들은 마한 전역과 타 지역까지 영산강을 따라 운반되었다.

무덤 안에서 옹관이 처음 발굴된 때의 모습을 그대로 재현해놓은 장면에, 관람객들은 마치 발굴 현장에 있는 듯한 느낌을 받는다. 내가 마치 고고학자가 된 것처럼. 나주의 복암리 3호분에서 나온 96 돌방무덤을 재현한 곳이다. 이 돌방무덤이 특별한 것은 흙을 파고 그 안에 옹관을 묻었던 기존의 옹관 무덤과 달리 사각의 돌방을 쌓고 그 안에 옹관을 놓는 방식이어서다. 어쩌면 무덤 양식에 새로운 트렌드가 등장한 것일까. 마한의 옹관에 백제식 돌방이 결합된 형태라는 설명이 붙어 있다. 독자적으로 살아온 영산강 유역 마한 사회에 백제 중앙 문화가 스며드는 모습을 전달하고 싶었던 모양이다.

국립나주박물관에서 꼭 봐야 하는 유물을 묻는다면 전문가들은 단연 '옹관'과 '금동관'을 언급할 것이다. 이곳의 금동관은 일제 강점기 나주의 신촌리 고분에서 발견된 것인데, 국보로 지정되어 있다. 우리나라에서 최초로 발견된 금동관이다. 당시 세상을 놀라게 한 금동관이라는 표현이 맞다. 금동관은 방 하나를 통째로 할애해 전시되고 있었다. 서울 용산의 국립중앙박물관은 6세기 후반과 7세기 전반에 제작된 우리나라의 국보 반가사유상 두 점을 전시한 '사유의 방'이 유명한데, 이에 필적할 만한 국립나주박물관의 공간이 바로 '신촌리 금동관 방'이다.

　나는 이곳을 시간의 틈 속에 자리한 성소^{聖所}라 부르고 싶다. 방 안은 깊고 고요한 어둠에 둘러싸여 있고, 중앙에 놓인 금동관은 한 시대의 영광을 응축한 채 스스로 빛을 발하는 듯하다. 강렬하게 대비되는 깊은 어둠과 한 점의 보석 같은 빛은 우리를 일상으로부터 완전히 단절시키므로 그곳은 성소이다. 빛이 닿을 때마다 금속 표면에서 뿜어져 나오는 광채는 수천 년의 세월을 넘어 우리에게 이야기를 건네는 듯하다. 금동관이 발하는 빛은 하늘과 땅을 잇고, 찰나와 영원을 동시에 담고 있는 것 같았다. 천장의 둥근 형태가 하늘을 연상시켜 더욱 신성해 보이는 것일까. 국립나주박물관의 신촌리 금동관 전시실은 과거와 현재, 빛과 어둠, 인간의 마음이 교차하는 장소다. 그 중심에서 금동관은 환하게 빛난다. 마치 영원히 사라지지 않을 어떤 이야기를 들려주려는 듯이. 어둠 속에 서서 금동관을 응시하고 있노라면 마한의 유물과 마주한 시간이 얼마나 소중한지 깨닫게 될 것이다.

　국립나주박물관은 2020년부터 수차례 다녀왔다. 최근 리모델링을 마친 국립나주박물관은 유물을 집약적으로 보여주고 대중성을 보강했다는 평가를 받는다. 그러나 나는 영산강 유역의 마한 문화에 대한 정체성 인식은 예전보다 후퇴했다는 느낌을 받는다. 예전에는 전시실을 '역사의 여명', '삼한의 중심 마한', '영산강 유역의 고

대 문화', '강의 길, 바다의 길'로 꾸몄다. 마한과 영산강 유역을 중심 어로 삼고, 유물들을 해석하고 전시했다. 그에 비해 지금의 전시는 마한 역사 문화권에 대한 인식 없이 고구려, 백제, 신라의 삼국 시대 적 관점을 되풀이하고 있다. 예전의 전시를 또렷이 기억하고 있는 나는, 마한의 정체성이 약화된 지금의 전시가 허전하고 쓸쓸하다.

춤추는 핑크빛 물결,
고분과 뮬리의 애틋한 만남

상설전시실을 모두 보았다면 실감콘텐츠 체험관도 가볼 만하다. 영산강 유역 고대 고분 문화를 신기술융합콘텐츠로 만나볼 수 있다. 야외정원도 좋다. 반남 고분군으로 둘러싸인 아름다운 박물관 정원은 휴식과 힐링의 공간이다. 국립나주박물관 뒷마당은 마한의 무덤과 연결되어 있다. 특히 9월 말부터 10월 초까지는 핑크뮬리가 흐드러지게 핀다.

　몇 년 전 이른 아침, 안개가 짙게 낀 날이었다. 안개가 부드럽게 내려앉은 고분 주위로 핑크뮬리의 '분홍빛 카펫'이 펼쳐져 있었다. 핑크빛의 물결은 과거의 무덤에 생명을 불어넣었다. 핑크뮬리 사이를 헤치며 걷고 있는 사람들의 모습이 마치 수영장에서 수중발레를 하는 듯했다. 저마다 각자의 풍경을 카메라에 담고 있었다. 고분은 시간을 품고, 핑크뮬리는 그 위에 생명을 더하며, 사람들은 그 모든 것을 자신의 기억으로 담았다.

　마한의 무덤을 배경으로 한 핑크뮬리는 죽음의 의미를 새롭게 해석한다. 마치 죽음이 끝이 아니라 지금까지 살아온 세계를 종합하는 화려한 축제라고 말하는 듯했다. 가을에 국립나주박물관 뒷마

당으로 가보라. 핑크뮬리뿐 아니라 형형색색의 가을꽃들이 무덤과 함께 살아난다. 그곳은 '살아 있는 시간의 정원'이다.

국립나주박물관에서 나와 시장기가 느껴지면 근처 노포에 들러 요기를 하는 것도 좋다. 바로 근처에 금동 숯불구이라는 식당이 있다. 주소상으로는 영암군 신북면이다. 국립나주박물관은 나주시와 영암군의 경계를 넘나든다. 이곳의 이름이 금동인 것은 아마도 방금 보고 나온 금동관이 이곳 신촌리에서 발견되었기 때문이 아닐까. 우리나라에서 처음으로 금동관이 발견되었으니 당시 이 사건은 경이로운 뉴스였을 것이다. 그때가 1917년이다. 다른 멋진 이름이 많을 터인데 금동이라는 이름을 쓴 배경이다. 금동 숯불구이는 두툼하게 썰린 삼겹살을 먹을 수 있는 집이다. 나오는 반찬도 많지 않고, 뚜껑 있는 밥그릇에 고이 퍼 담은 고봉밥도 아니다. 커다란 사발에 막 퍼서 나오는 밥이다. 그래도 쌈 채소에 고기 넣고 밥 넣고 한 쌈 하면 그 맛은 천국이 부럽지 않다.

코스모스 위로 솟은 시간의 언덕, 반남의 가을을 걷다

나주는 경주나 부여 못지않게 거대한 봉분 유적이 많은 곳이다. 영산포에서 영암 방면으로 3킬로미터쯤 가면 반남 고분군을 가리키는 표지판과 함께 삼거리가 나오고, 그 삼거리에서 반남 고분군 쪽을 향해 오른쪽으로 들어서서 10킬로미터 남짓 더 가면 반남 고분군에 이른다. 반남의 들판은 탁 트였고 왕릉처럼 봉긋 솟은 무덤들이 군데군데 자리 잡고 있다. 마한의 역사가 잠들어 있는 곳이다. 국립나주박물관 건너편에 덕산리 고분 10여 기가 있다. 무덤은 발견된 순서대로 숫자를 붙여 1호분, 2호분, 3호분 이렇게 부른다. 덕산리 고분군을 둘러볼 때 그 중앙에 있는 대형 고분이 3호분이다. 덕산리 고분군은 주위에 둘레길을 잘 조성해놓아서 산책하기에 참 좋다. 덕산리 고분군을 지나면 신촌리 고분군이 이어진다.

내게 이곳은 역사유적이기에 앞서 공원과 같은 느낌을 준다. 어느 날 덕산리 고분군과 신촌리 고분군이 이어지는 곳쯤에서 멋진 소나무 군락이 보여 발길을 멈추었다. 뒤에는 둥근 선의 무덤이 보였다. 소나무는 가을바람 속에서 마치 역사의 수호자처럼 고분 앞에 서 있었다. 소나무의 휜 줄기와 촘촘한 가지들은 고분의 둥근 선과 절묘한 대조를 이루며 조화로운 풍경으로 다가왔다.

시간의 틈새에 소중한 것들이 숨어 있다. 우리 주변의 무덤은 우리 삶 속에 죽음이 들어와 있음을 보여주는 상징적 공간이다. 무덤은 단순한 흙더미가 아니다. 무덤의 크기와 배열은 그들이 지녔던 신념과 가치, 삶과 죽음에 대한 태도를 말없이 드러낸다. 그래선지 무덤가를 걷는 사람을 보면 죽음을 삶 가운데 받아들이며 사는 멋진 현대인을 보는 것 같다.

마한 사람들은 이곳에 묻혔다. 무덤에 누워 저 멀리 굽이쳐 흐르는 영산강 물소리를 듣고, 나주 벌판 위 깜깜한 밤하늘에 뜬 북두칠성을 세고 있을지도 모른다. 북두칠성은 영험하여 후손의 복을 빌고 있을지도 모른다. 이곳을 걸을 때면 천오백 년 전 마한 사람들과 오늘의 내가 이 길을 통해 연결되는구나 생각하곤 한다.

    가을에는 이곳에서 마한축제가 열린다. 나주 반남면 고분의 가을은 감각적이다. 고분들이 장엄하게 펼쳐지는 곳에 거대한 코스모스 꽃단지가 마치 거대한 색채의 물결처럼 대지를 뒤덮는다. 멀리서 바라본 풍경은 특히 압도적이었다. 연분홍, 순백, 그리고 황화 코스모스의 따뜻한 노란빛이 한데 어우러져 가을 햇살 아래 생동감 있게 빛나고 있었다. 마치 땅에 깔린 금빛 양탄자 같았다. 그 한가운데에서 묵직한 존재감을 드러내는 고분은 마치 이 모든 풍경의 중심에 서 있는 시간의 주인공 같았다.

자미산을 중심으로 이루어진 반남 고분군 주변에 자그마한 산성이 있다. 어느 시대인지 확실치 않고 성 둘레가 660미터로 규모도 작은 편이지만 영산강 유역의 나주평야가 한눈에 들어온다. 자미산 높이는 98미터니 그리 높지 않다. 조금은 가파른 듯하지만 거리가 짧아 30여 분 산책 삼아 올라가면 누구나 쉽게 오를 수 있다. 올라가는 길에 자미산 천지단이 있고, 천지단 옆으로 전망대로 올라가는 계단이 있다. 계단을 오르면서 뒤를 돌아보면 영암 월출산 전경이 펼쳐진다. 자미산 전망대에 오르면 마한 유력 세력의 무덤인 반남 고분 일대와 나주평야가 한눈에 들어온다. 나주의 역사 문화 경관을 감상하기에 제격인 곳이다.

안개의 침묵, 복암리 고분의 새벽 풍경

　　나주에는 반남 고분만 있는 것이 아니라 복암리 고분도

있다. 다시면 복암리 잠애산 자락에 있는 4기의 고분인데 1996년에 발굴되어 그 신비함이 세상에 알려졌다. 이곳은 40여 기의 다양한 묘들이 한 봉분 안에 촘촘히 조성되어 일명 아파트 고분이라는 별명을 얻었다.

 들판에 봉긋 솟아 있는 고분의 아우라는 두렵다기보다 평화롭다. 복암리 고분은 여러 번 다녀왔는데, 가장 평화로운 느낌을 줄 때는 해가 안개를 내몰기 전의 새벽이다. 해 뜨기 전 복암리 고분은 마치 시간이 멈춘 듯한 풍경 같다. 짙게 깔린 안개는 고분과 나무, 멀리 펼쳐진 들판을 감싸며 모든 것을 신비롭게 만들고 있었다. 멀리서 흐릿하게 보이는 고분은 자연의 품에 안겨 마치 처음부터 그곳에 존재했던 듯 보였다. 이 고분들을 감싸는 안개가 그 신비로움을 더욱 부각시켰다. 복암리 고분은 가장 아름다운 침묵의 언어로 내게 이야기를 건네고 있었다.

 이곳에서 아주 가까운 곳에 복암리 고분전시관이 건립되어 있다. 안에는 복암리 3호분을 실제 크기로 복원해놓았다. 아파트 고분

의 실체를 이해할 수 있는 곳이다. 복암리 고분은 보물로 지정된 금동신발이 나온 정촌 고분과도 가깝다. 그래서인지 복암리 전시관에서 금동신발 이야기도 살펴볼 수 있다. 금동신발에 새겨진 문양들이 얼마나 다채로운지, 디자인의 보고가 따로 없다.

    나주의 마한을 보러 갈 때는 주로 금학헌에 묵는다. 나주 구도심에 있는 한옥 숙소다. 예전 나주 목사의 관사로 썼던 곳으로 김성일 방, 인실, 예실 등이 있는데, 나는 인실에 묵기를 좋아한다. 인실은 옛 선비의 단아함처럼 아주 단출한 방이다. 세 평짜리 방에 이부자리만 있을 뿐이다. 세면장은 공동으로 사용한다. 그러나 그리 불편하지 않다. 가성비가 아주 좋다는 점도 있지만, 금학헌 최고의 강점은 마당에 단단하게 터를 잡고 있는 벼락 맞은 팽나무의 존재일 것이다. 벼락을 맞았지만 생명력을 잃지 않고 지금껏 살아 있는 것이 감탄할 만하다. 이 팽나무를 안으면 승진 등 직장에서의 원하는 바를 성취한다는 이야기가 대대로 전해진다고. 인생의 중요한 길목에 있는 당신이라면 금학헌에 머물며 달 밝은 밤에 벼락 맞은 팽나무를 꼭 껴안아보시라.

　금학헌 근처에는 관아였던 금성관도 가까이 있다. 나주 맛집으로 유명한 나주곰탕 하얀집도 있다. 금학헌에 묵고 아침 일찍 나주곰탕 하얀집에서 먹는 곰탕은 뉴욕의 호텔에서 먹는 아메리칸 스타일의 조식 부럽지 않은 기쁨을 선사한다. 밥을 토렴해서 주는 이 하얀집의 곰탕은 밥과 국이 따로 놀지 않는 혼연일체의 맛을 보여준다. 나주에는 1930년대 '화남산업'이라는 소고기 통조림공장이 있었다. 황도 복숭아 통조림, 김치 통조림도 만들었지만 주력은 소고기 통조림이었다. 거기서 통조림을 만들고 남은 고기로 끓여낸 것이 나주곰탕이다.

　나주향교 옆 '3917 마중'이라는 카페도 들러볼 만하다. 카페 옆에는 우리나라 3대 향교로 불리는 나주향교가 자리 잡고 있다. 임진왜란 당시 소실됐던 성균관을 복원할 때 본으로 삼았던 곳이기도 하다. 드라마 〈성균관 스캔들〉을 이곳에서 찍었다고 한다. 나주 배 박물관 건너편에는 '참새 시리즈'의 작가 박태후 화백의 개인 정원 죽설헌이 있다. EBS 〈건축탐구 집〉에도 나온 곳이다. 어릴 적 추억을 살려 조금씩 조금씩 땅을 사고 나무를 심어 정원을 만들었다. 50년 뚝심의 힘이다. 한여름 훌쩍 자라는 죽설헌 파초의 모습이 가끔 아른거린다.

나주의 영산강을 보려 한다면 새벽의 죽산보를 추천한다. 영산강의 물줄기를 가로지르는 죽산보는 자연과 인간의 기술이 만나는 독특한 풍경을 선사한다. 거대한 구조물은 강 위에 자리하며 물의 흐름을 조율하는 동시에 강을 잇는 다리 역할을 한다. 보를 중심으로 펼쳐진 강변은 넓고 탁 트여 있다. 죽산보는 강 위에 서 있는 거대한 다리인 동시에 물과 사람, 자연과 기술을 이어주는 연결점이다. 단순히 강 위의 구조물이 아니라 강과 인간, 그리고 시간의 흐름을 이어주는 하나의 상징이다.

여행에서 짬이 난다면 영산포에 있는 '영산나루'를 가보시라. 영산포 홍어거리 건너편에 광주에서 이비인후과를 운영하는 의사와 그의 아내가 게스트하우스와 레스토랑을 열었다. 영산나루에 묵게 되면 그곳 카페에서 먹는 브런치도 좋다. 만약 홍어를 먹을 수 있는 내공이 있다면 도전해보시길. 영산나루 건너편에 홍어를 전문적으로 하는 음식점 '홍어1번지'가 있다. 여기서는 홍어애국, 홍어튀김, 홍어 삼합뿐 아니라 홍어 코스가 한 상 걸판지게 나온다.

영암,
마한의 심장이 뛴다

영암은 강과 산이 만나는 곳이다. 영산강이 길을 내고 월출산이 하늘을 열었다. 담양에서 시작된 영산강은 광주와 나주를 지나 마침내 종착지인 영암에 이른다. '달이 떠오르는 산'이라는 뜻의 월출산月出山은 높이 809미터로, 고요한 품 안에서도 생동하는 기운이 감돈다. 아찔한 암봉과 거친 능선, 기암괴석이 어우러진 그 모습은 보기만 해도 기백이 넘친다. 그래서일까. 조선 시대 인문지리서《택리지》의 저자 이중환은 월출산을 '화승조천火昇朝天'이라 표현했다. 마치 아침 하늘을 향해 치솟는 불꽃같은 기상이라는 뜻이다. 이 산을 오른 적은 없지만 지날 때마다 생각한다. 드론을 띄워 하늘에서 내려다본다면 그 독특한 형상과 시간마다 변하는 빛깔이 호주의 산만한 바위 울룰루Uluru처럼 자연의 신비와 에너지를 내뿜고 있지 않을까. 조선의 옛 학자가 남긴 표현이 어찌 그리 절묘할까, 감탄하지 않을 수 없다.

　예부터 강과 산이 만나는 지점은 물산이 풍부하여 역사와 문화의 중심지가 되었다. 영산강의 물결이 춤추고 월출산의 정기가 솟구치는 영암도 그러하다. 그러한 곳에 장대한 역사 서사의 무대가 펼쳐졌고, 그 한복판에 1500여 년 전 마한이 터를 잡고 문화를 일구었다.

　영암은 스스로를 '마한의 심장'이라 자부하는 역사의식을 지닌 고장이다. 이곳을 여행하다 보면 '마한의 심장, 영암'이라는 문구를 곳곳에서 마주하게 된다. 짧은 어구지만 그 안에는 긴 시간의 대서사를 마주한 이들의 비장한 마음가짐이 응축되어 있다. 나도 그 문구를 볼 때마다 가슴이 뛰었다. 마한의 심장이라는 강렬한 메시지는 영암의 정체성을 견고히 세우고, 세상에 자신을 알리는 외침이 되며, 무엇보다 공동체를 하나로 묶는 힘이 된다. 영암은 오래전부

터 마한이라는 이름을 자랑스럽게 드러낸 지역이다. 2004년에 이미 마한이라는 이름이 들어간 역사공원인 '마한역사문화공원'을 조성한 데 이어, 그동안의 마한의 역사를 집대성할 '마한역사문화센터'가 들어설 예정이다. 마한의 정체성을 품은 역사문화도시로서의 도약이 기대되는 곳, 바로 영암이다.

강물이 품은 시간,
상대포역사문화공원

영산강이 품은 마한의 흔적을 찾고자 한다면 상대포역사문화공원을 가자. 영산강이 길의 끝에서 만나는 곳, 바로 영암이다. 강 너머에는 목포가 있고, 영산강은 무안을 지나 목포로 흐른다. 지금은 영산강 하구둑이 놓여 있지만 1981년 이전까지만 해도 이곳은 강과 바다가 만나는 곳이었다. 1500여 년 전 그곳은 물길이자 바닷길, 즉 세계로 향하는 관문이었다. 그 문을 통해 일본 열도로 가고 중국으로 가고 동남아시아로 떠났다. 오늘날로 치자면 국제항의 역할을 했던 셈이다. 그 항구가 있었던 곳이 바로 '상대포'다. 상대포는 바다를 향한 창이자 세상을 향한 창이었다.

여름에 상대포역사문화공원을 찾으면 백색에서 홍색까지 그리데이션이 멋진 연꽃들이 연못을 수놓는다. 하구둑이 생긴 뒤 포구의 감흥은 줄었지만, 역사적 상상력을 발휘하면 무역선들이 물살을

가르며 도착하던 과거의 풍경을 생생하게 되살릴 수 있다. 강물처럼 끊임없이 흘러가는 삶과 역사의 본질을 마주하게 되리라.

영산강과 바다가 만났던 흔적은 음식에도 남아 있다. 영암 학산면 독천리에는 낙지거리가 있다. 시골 마을에 무려 30여 곳의 식당이 밀집해 있다는 사실이 예사롭지 않다. 하구둑이 생기기 전, 이곳은 전국적으로 유명한 낙지 산지였다. 강물과 바닷물이 만나는 풍부한 갯벌에서 나는 펄낙지가 특히 유명했다. 이 지역 사람들은 이를 뻘낙지라 불렀다. 지금은 세발낙지 하면 무안이나 신안을 떠올리지만, 원조는 독천이라는 데 이견이 없다. 이곳 낙지는 가래로 직접 잡았다고 하니 그 광경도 장관이었을 것이다.

나 역시 그 펄낙지 맛을 본 적이 있다. 몇 해 전 마한 답사길에 목포대박물관을 보고, 해남 군곡리 유적과 방산리 장고봉 고분을 찾는 길목에서 들른 곳이 바로 이곳이었다. 오랫동안 낙지요리를 해오던 곳이다. 갈비탕에 낙지를 넣어 몸을 보양하게 하는 갈낙탕은 이곳이 원조라고 한다. 근처에 우시장이 있어 낙지에 소갈비를 넣기 시작했던 것이다. 나는 갯벌에서 나와 훨씬 부드러워 낙지 중 가장 고급으로 친다는 뻘낙지 맛을 보고 싶어 연포탕을 주문했다. 진짜 뻘낙지를 쓰는 곳이라 가격은 만만치 않았지만, 남도 특유의 밑반찬부터 감동을 안겨주었다. 묵은지, 시금치나물, 이곳의 명물 젓갈 6종까지 제대로 숙성된 맛을 낸다.

낙지 연포탕은 또 어떠한가? 연포탕은 낙지가 부드러워야 하고, 육수는 칼칼하면서도 기분 좋은 매콤함을 품고 있어야 한다. 그날 나는 내 인생 최고의 개운하고 깊은 맛의 연포탕을 맛보았다. 그 맛을 찾아 사람들이 줄을 서는 이유를 알 수 있었다. 이곳을 안내해준 분이 곽판주 PD이다. 지금도 그 맛을 알게 해주셔서 너무도 감사하다. 다음에는 '소도 일어날 맛'이라는 낙지의 또 다른 변신, 녹진한 갈낙탕을 맛보리라 다짐한다.

내동리 쌍무덤, 금동관을 만들었나?

영암의 마한 고분을 답사하려면 가장 먼저 시종면 내동리의 쌍무덤으로 가야 한다. 국도변에 위치해 있어 길찾기가 수월하다. 여러 번 다녀온 곳이지만 유독 화사한 여름날의 기억이 또렷하다. 그렇게 느껴지는 이유는 국도변을 따라 심어진 배롱나무의 붉은 꽃 때문이다. 요즘 대한민국은 벚나무를 가로수로 많이 심지만, 남도의 영암은 백일 동안 피어난다고 하여 백일홍이라 불리는 배롱나무를 가로수로 택했다. 마한의 흔적을 찾으러 오는 나를 반기듯, 배롱나무의 인사는 남도답고 정겹다. 여름날 영암의 쌍무덤을 찾는다면 길가에 흐드러지게 핀 그 붉은 꽃들에 잠시 시선을 빼앗겨보시길.

배롱나무에 눈길을 주다가 봉긋 솟아오른 봉분이 차창 밖으로 보이면 거기서 멈추면 된다. 그곳이 바로 내동리 쌍무덤이다. 두 개의 고분이 서로 맞닿아 있어 '쌍무덤'이라는 이름이 붙었다. 무덤 주변을 천천히 한 바퀴 돌아보면 먼저 그 크기에서 압도당한다. 무덤 안에서는 대형 옹관이 발견되었고, 무엇보다 중요한 것은 금동관편이 출토되었다는 사실이다. 신촌리 9호분에서 국보 금동관이 출토된 이후 100년 만에 이 일대에서 다시금 금동관편이 나온 것이다.

금동관은 지배계층의 무덤을 상징하는 유물로, 이곳이 영암 지역 유력 세력의 수장이 묻힌 곳임을 짐작케 한다.

금동관편과 함께 유리구슬과 영락도 나왔다. 영락은 금동관 등에 매단 얇은 금속판 장식으로, 작은 실에 매달려 하늘하늘 흔들리며 빛난다. 무덤 자체의 규모와 함께 권력의 상징인 금동관이 출토된 점을 감안할 때 이 무덤이 지역 최고 권력자의 것이었음은 거의 확실해 보인다. 묘제도 다양하다. 석실, 석곽, 옹관 등 여러 방식이 혼재해 있으며, 여러 사람이 묻혀 있는 다장多葬 형식이다. 시기는 마한부터 백제에 이르기까지, 다양한 시대의 흔적이 겹쳐져 있다.

무덤 앞에 세워진 안내판을 읽었다. 읽기 쉬웠다. 문화유산 안내판들은 종종 어려운 용어로 가득해 도리어 내용을 이해하기 어려울 때가 많다. 하지만 이곳의 안내문은 '영락'이나 '주구' 같은 일반인에게 생소한 단어들까지도 친절한 주석으로 설명해주고 있었다. 방문자를 배려한 이런 세심함이 고마움을 불러일으킨다.

이 무덤에서 나온 금동관의 제작 주체를 둘러싼 학계의 의견은 엇갈린다. 이는 백제가 마한을 병합한 시점, 옹관묘를 조성한 세력의 정체 등 복잡한 문제들과 맞닿아 있다. 영산강 유역의 마한 세력이 6세기 초까지 독립적인 문화와 묘제 양식을 유지했다는 주장을 지지하는 이들은 이 금동관이 이 지역에서 자체 제작되었을 것이라는 이른바 '자체 제작설'에 무게를 둔다. 반면 금동관은 백제가 마한을 병합한 이후, 지역 유력자에게 하사한 일종의 위세품이라는 '사여설'이 여기서는 더 유력하게 제기되고 있다. 과연 어느 쪽이 역사적 진실에 가까운 설명일까.

　자체 제작설을 주장하는 이들은 이 지역에서 출토된 금동관이 기존 백제 금동관과 구조적으로 다르다는 점을 강조한다. 지금까지 알려진 여섯 개의 백제 금동관은 내관과 외관이 결합된 형태이며, 내관은 고깔 모양이고, 외관 옆에는 날개를 퍼덕이는 듯한 새의 장식이 붙어 있다. 옛 백제 땅이었던 충청북도 공주의 수촌리와 전라북도 익산의 입점리에서 출토된 백제 금동관의 모습이 그러하다.

　반면, 내동리 쌍무덤에서 나온 금동관은 내관과 외관이 분리되어 있으며, 새의 날갯짓과 같은 형태가 없다. 외관에는 네 개의 세움장식이 있으며 꽃봉오리 형태의 수발 대신 관 끝에는 유리구슬이 달려 있다. 금동관 위세품 사여설은 '금동관을 주어 백제와 재지 세력 사이에 주종의 계약 관계를 맺는다'고 주장하지만, 이에 대해 지나치게 이상화된 해석이라는 반론도 있다. 그 시대의 권력관계는 상호 결합과 유기적 형성의 과정이었다는 해석이다.

옥야리 방대형 고분,
보름달이 뜨는 날 혼이 춤춘다

내동리 쌍무덤에서 나주 방면으로 더 올라가면 옥야리 방대형 고분이 모습을 드러낸다. 마한 시대 무덤을 찾다 보면 종종 애를 먹는 경우가 있는데 이때도 그랬다. 강인욱 교수, 박중환 전 관장과 함께한 답사였고, 두 분 모두 고고학 발굴에 정통한 분들이었다. 그럼에도 자동차 내비게이션에 위치를 입력하고도 정확한 장소를 찾는 데 시간이 제법 걸렸다. 시골 마을 오솔길을 따라 뒷동산을 찾아야 했기 때문이다.

'영암 옥야리 방대형 고분'은 5세기 후반, 영산강 중·하류 지역에 조성된 마한의 수장급 무덤이다. 봉분의 크기는 남북 29.9미터, 동서 26.3미터, 높이는 3.7미터에 달한다. 두 사람이 서 있어야 닿을 만큼의 높이다. 이곳에서는 굴식 돌방무덤을 비롯한 총 6기의 매장 시설이 확인되었고, 원통형 토기, 고배, 철갑편 등 500여 점에 이르는 중요한 유물이 출토되었다.

마한의 무덤은 형태가 제각각이라 보는 재미가 있다. 이 고분은 방대형 무덤으로 '사각처럼 위가 평평한 무덤'이라서 붙은 이름이다. 우리가 익히 알고 있는 경주의 오릉이나 여주의 세종대왕릉처럼 거대한 반달을 엎어놓은 듯한 봉분과는 사뭇 다른 느낌이다.

무덤 위에 올라서면, 마을 뒷동산에 오른 듯한 기분이 든다. 상층부가 평평해 아래 마을 풍경이 한눈에 들어온다. 보름달이 환히 떠오르는 날이면 이곳에서 마을 사람들이 제단을 만들고 제사를 지냈을지도 모른다는 상상을 해본다. 나는 이곳에 올라 손을 높이 들어 사진을 찍었다. 마치 하늘과 땅, 사람을 잇는 메신저, 여성 제사장이 된 것처럼.

고분 앞에 서니 마한의 무덤들은 정말이지 제각기 다른 얼굴을 하고 있다는 생각이 들었다. 함평 만가촌의 무덤은 당근을 닮았고, 광주 월계동의 무덤은 장고형이다. 이렇듯 마한의 무덤 양식은 실로 각양각색이다. 형태가 고정되지 않고 다양성을 존중하는 모습, 그것이야말로 마한의 자유로움이며 위대함이 아닐까. 함께하되 서로의 정체성을 인정하고 다양함을 추구하던 마한의 성정이 무덤의 형태에서도 자연스럽게 드러난다.

남해포가 있던 자리에 들어선 마한문화공원

옥야리 방대형 고분에서 멀지 않은 곳, 과거 영산강과 바다가 만나던 그 자리에 지금은 '마한문화공원'이라는 이름의 공간이 들어서 있다. 마한에 대한 영암의 진심이 고스란히 담긴 이곳에서는 매년 10월, 마한역사문화제가 열린다. 한때 '남해포'라 불렸던 이 역사적 장소는 이제 지역의 정체성을 드러내는 상징이 되었다.

주차장에 차를 세우고 내리면 가장 먼저 마주하게 되는 곳이 월지관이다. 옹관 고분을 본떠 만든 건물이다. 이름 또한 이 지역 마한

54국 중 하나였던 '월지국'에서 따왔다. 영암군은 이곳이 마한의 최후 중심지였던 월지국의 터라는 믿음을 갖고 있다. 월지관은 마한 사람들이 5월과 10월에 함께 즐겼던 축제 이야기를 풀어내고 있었다. 특히 흥미로웠던 점은 당시 사람들이 함께 추었던 춤이 오늘날의 '강강술래'와 비슷했을 것이라는 추정이다.

이곳에서는 소도에 대한 설명도 만날 수 있다. 역사책에 보면 '마한에는 소도라는 신성한 장소가 있어 범죄를 저지른 자라도 이곳에 들어서면 잡아올 수가 없다'고 했다. 소도에는 큰 나무를 세우고 북과 방울을 달았는데, 이것이 오늘날 솟대의 기원이 되었다는 설명도 붙어 있었다.

공원 한쪽에는 '남해 망루'도 재현되어 있어 이곳의 역사성을 더한다. 망루 너머로는 월출산이 시원하게 펼쳐진다. 과거 이곳은 바다가 출렁이던 자리였다. 바다는 풍랑이 이는 날 두려운 존재였고, 옛사람들은 그 속에 신이 깃들어 있다고 믿었다. 남해와 서해, 동해의 각 지역마다 해신에게 제사를 올렸다. 강원도 동해에는 공해신사, 황해도 풍천에는 서해신사가 있었고 이곳 영암에는 남해신사가 있었다. 지금까지 남아 있는 유일한 해신 사당이 바로 이곳의 남해신사다.

제사는 인간이 모든 것을 스스로 감당할 수 없다는 것을 인정하는 겸허함의 표현이다. 나는 제사 유적을 볼 때마다 자연 앞에 선 인간의 간절함과 겸허함에 옷깃을 여민다. 유럽의 오래된 성당에 들어설 때 느껴지는 경건함을 이곳에서도 동일하게 체험할 수 있다.

 고분 체험관 '몽전'에 들어서면, 영암 내동리 고분의 발굴 과정과 우리나라 무덤의 변천사를 따라가 볼 수 있다. 아주 넓은 땅 위에 자리한 이곳 마한문화공원을 나서며, 지금에 만족하지 않고 지속적으로 볼거리를 채우면서 더 풍성한 콘텐츠로 채워졌으면 하는 바람을 품게 되었다. 마침 국립마한역사문화센터가 이곳 영암에 들어선다고 하니 기대가 크다.

 영암뿐 아니라 영산강 유역을 중심으로 한 광주와 전남 지역의 마지막 마한 사회에 대한 기록은 많지 않다. 아직도 풀어야 할 과제가 수두룩하다. 하지만 영암은 누구보다 먼저 마한문화공원을 조성하고 마한문화제를 만들어 마한으로서의 정체성을 분명히 밝힌 곳이다. 이제는 이 기반 위에 지역 발전을 위한 새로운 정책과 창의적인 아이디어가 더해지기를 바란다.

자라봉 고분,
논 가운데 독야청청

이 지역 무덤 양식 가운데 특히 눈길을 끄는 것이 장고형 고분이다. 주로 영산강에서 조금 떨어진 지역에서 발견되며, 영암에서도 하나가 발견되었다. 시종면 태간리에 있는 자라봉이다. 궁금함을 참지 못하고 찾아가보기로 했다. 12월 겨울바람이 서서히 불기 시작하던 무렵, 목포에 여장을 풀고 쏘카를 빌려 신안과 영암 일대를 다니는 중이었다. 자라봉 고분은 내동리 쌍무덤에서 멀지 않은 곳에 위치해 있었다.

이맘때의 들판은 가을걷이가 끝나 논바닥이 훤히 드러난다. 봄이 오기 전 겨울은 길가에 피어난 동백꽃 하나에도 감동하게 만든다. 봄과 여름은 녹음 짙은 신록과 붉은 배롱나무꽃이 좋고, 가을엔 무덤가에 핀 쑥부쟁이 같은 들꽃들이 반갑다. 겨울은 유적과 유물의 본모습을 외부의 치장 없이 가장 적나라하게 마주할 수 있어 감동이다. 온전히 유적과 유물만 드러나서 나와 대화를 나눌 수 있는 계절.

겨울 아침, 시골길을 따라가다 자라봉 고분의 위용을 마주했을 때 나도 모르게 "아" 하는 감탄이 터졌다. 겨울바람이 매섭게 부는 들판 한가운데에 옷 하나 걸치지 않은 듯 드러누운 무덤은 살아 있는 생명체 같았다. 그 순간 왜 이 고분의 이름이 '자라봉'인지 단박에 이해가 되었다. 마치 이 들판이 제 집인 양, 느긋하고 태연하게 엎드려 있는 자라의 형상이었다. 나는 겨울의 침묵 속에서 자라봉의 존재 이유를 묻고 싶어졌다. 차가운 바람이 얼굴을 스쳐 지나가며 마치 그 본질의 한 조각을 전하는 듯했다.

자라봉은 전방부가 사각형, 후방부가 원형인 전형적인 장고형 무덤이다. 6세기 무덤으로 추정되며 전체 길이는 37미터, 후방 원의 지름은 23미터, 높이는 5미터에 이른다. 제법 큰 규모다. 무덤 위에는 작은 나무 한 그루가 자라고 있었다. 얼어붙은 대지 아래에도 여전히 생명의 맥박은 뛰고 있었을 것이다. 겨울의 차가움과 멈춤 속에서도 끝없는 생의 리듬이 깃들어 있음을 작은 나무를 보며 기억했다.

왕인 유적지, 설화가 만든 역사문화공간

월출산과 영산강이 빚어낸 자연의 경이로움은 예술가와 철학자에게 늘 깊은 영감을 준다. 그런 자연의 품에서 탄생한 인물이 일본 고대 문화를 형성하는 데 크게 기여한 왕인 박사다. 그는 이 땅에서 태어나 학문을 들고 일본으로 건너가 일본 아스카 문화의 선조가 된 사람이다. 지금으로 치자면 K-학문의 원조라 할 만한 인물로, 지금도 일본에서는 '와니 선사'로 불리며 깊은 존경을 받고 있다.

영암에는 왕인 박사의 유적지가 잘 가꿔져 있다. 유적지 뒤로는

왕인 동상(왕인 박사 유적지)

월출산이 배경처럼 든든히 버티고 있다. 여기서 바라보는 월출산은 높지 않지만, 길게 뻗은 능선이 마치 근육을 유연하게 움직이는 호랑이의 뒷모습 같다. 곳곳에 독특한 암벽과 기암괴석들이 불쑥불쑥 모습을 드러냈다. 나는 한참을 그 앞에 서서 서성였다. 월출산이라는 이름처럼 암봉 위로 달빛이 걸린다면 어떤 풍경이 펼쳐질까. 그러면 이곳은 천상의 무대처럼 신성한 분위기가 펼쳐질 것만 같았다. 주차장을 지나 처음 마주하는 건물은 '영월관'이라는 전시관이다. 이곳에서는 왕인과 관련된 다양한 자료를 볼 수 있다. 전시관을 나서면 왕인의 삶과 발자취를 따라 다양한 시설들이 광활한 터에 흩어져 있다. 일본 오사카에 실제 묘가 있다고 전해지지만, 이곳에도 왕인의 영정과 위패를 모신 '왕인묘'가 있어 매년 제사가 열린다. 그가 학문을 익히고 후배들을 가르쳤다는 문산재와 양사재, 그리고 학문을 닦았다는 석굴 '책굴'도 함께 자리해 있다.

길을 따라 올라가면 '성천'이라는 이름의 샘이 나온다. 왕인이 마셨다고 전해지는 물이다. 그 옆에는 그가 태어났다는 성기동이 있다. 일본으로 떠나던 날 성기동 서쪽의 돌정고개에서 함께 학문을 하던 동료와 제자들과 작별을 나눴다는 이야기도 전해 내려온다. 이곳 왕인 박사 유적지는 왕인과 관련된 지역 설화들을 눈으로 직접 확인할 수 있게 잘 구현해놓았다.

설화가 갖는 위력을 다시 생각해본다. 역사 기록이나 고고학 자료가 부족한 부분을, 사람들의 입에서 입으로 전해진 구전과 설화가 대신 메우고 있다. 복원 과정에서 정확하지 않은 부분도 있을 것이다. 하지만 그런 미비함조차도, 사라진 역사를 되살리려는 후손들의 애틋한 노력이자 기억의 방식이다.

3월 말 이곳은 벚꽃과 유채꽃이 흐드러진다. 봄에는 영암의 마한을 보러 가야 한다. 월출산에 달이 뜰 때까지 서성여보시라. 영암에서 마한은 산과 강처럼 서로 기대며 그렇게 어우러지고 있다.

함평,
유년의 기억으로 안내한
마한의 무덤들

'함평천지 늙은 몸이 광주 고향을 보라 하고'는 우리 옛 노래 〈호남가〉의 첫 대목이다. 누구나 직접 부르지는 못할망정 한 번 들으면 곧 흥이 절로 나는 단가다. 〈호남가〉라는 제목은 몰라도 '함평천지'를 모르는 사람이 없고, 심지어 이 노래 제목이 '함평천지'인 줄 아는 사람도 많을 정도다. 그렇게 널리 알려진 곳, 바로 함평이다.

'함평咸平'이라는 이름에는 모든 것이 가득차고 원숙하며 평화롭다는 뜻이 담겨 있다고 한다. 〈호남가〉의 첫 대목이 함평천지를 되뇌는 이유도, 어쩌면 나라의 가장 보람된 꿈인 태평성세를 기원하는 땅이라는 뜻 때문일 것이다. 오늘날 타지 사람들에게는 매년 열리는 '함평 나비축제'로 더욱 익숙한 곳이기도 하다. 농민 항쟁의 역사는 깊지만 특별히 떠오르는 역사적 유적지는 많지 않다. 다만 대한민국 임시정부 국무위원을 지낸 김철이 태어난 것을 기려 '김철 기념관'이 있고 '상해 임시정부 청사'가 복원되어 있다. 그런 함평 땅에서 한일 고대사의 비밀을 품은 마한의 장고형 고분, 신덕 고분이 처음 발견되었다는 사실은 참으로 신기하다.

마한 무덤이 발견된 이곳 함평은 내게 무척이나 각별하다. 내가 태어난 곳이기 때문이다. 나는 함평군 나산면에서 태어나 함평읍의 함평초등학교를 2학년까지 다녔다. 햇수를 합하면 9년이다. 아버지의 직장을 따라 신안군 병풍도와 광주 도심에도 살아봤지만, 햇수로 따지면 함평에서 가장 오랜 시간을 보냈다. 내 유년의 8할은 함평이었다. 물론 아주 어린 시절이라 기억나는 장면은 많지 않다. 부모님에게 들었던, 내가 태어난 집을 둘러싼 감나무밭과 유치원 시절 동생과 소풍 가서 찍은 사진이 전부다. 영화 〈백 투 더 퓨처〉의 주인공처럼 타임머신을 타고 어린 시절로 돌아가 그때의 나를 만날 수 있다면 얼마나 좋을까.

떠나온 뒤로는 잊고 살았고, 다시 방문한 적도 없었다. 다만 멘토 허남주 선생님께서 친구들과 함께 다녀온 60년 전통방식의 '함평 해수찜'을 힐링 스팟으로 강력 추천하신 적은 있다. 바닷물을 데워 수건에 묻혀 몸을 닦는 전통 방식으로, 여행에 지친 심신을 풀기에 그만이라고 하셨다. 한 번쯤 가볼까 고민한 적은 있었다.

2021년부터 마한을 찾아다니며 나는 유년 시절을 보낸 함평과 뜻밖의 재회를 했다. 내가 태어난 고장이 마한의 흔적들이 고분으로 남아 있는 역사적인 땅이었다니 감회가 새로웠다. 불교에서 말하는 '시절 인연'이 떠올랐다. '불교의 업과 인과응보에 따라 특정한 시간과 공간의 인연이 맞아야 일어나는 일'이라는 의미다. 유년 시절에는 이곳의 마한 고분들이 아직 세상에 알려지기 전이었다. 함평에서 마한식 무덤인 예덕리 고분과 만가촌 고분 등이 발견되고, 마침 내가 마한을 찾아 역사 여행을 시작하게 되면서 두 갈래의 인연이 이곳에서 다시 만난 것이다. '시절 인연이 도래하면 자연스레 부딪혀 깨쳐서 소리가 나듯 척척 들어맞으며 곧장 깨어나 나가게 된다'고 한다. 지금 나는 이 시절 인연으로 깨어나 마한의 무덤으로 나아간다.

예덕리 신덕 고분, 국보를 빼앗긴 무덤

이제 함평의 마한 무덤으로 알려진 곳들을 향해 발걸음을 옮겨보자. 가장 먼저 찾은 곳은 월야면 예덕리에 있는 신덕 고분. 한일 고대사, 특히 마한과 왜의 관계를 둘러싼 다양한 논쟁을 불러일으킨 '문제의 무덤'이다.

일제 강점기 일본은 한반도 점령의 명분을 만들기 위해 《일본서기》에 등장하는 '신공황후의 한반도 남부 점령설'을 내세웠다. 신공황후가 한반도 남부를 점령하고 임나일본부를 설치했다는 설이다. 그러한 주장을 뒷받침하려면 무덤을 들여다봐야 했다. 일본식 무덤과 유사한 형태를 찾고, 부장품 가운데 일본과 유사한 유물을 발굴해내는 것이 목적이었다. 그러나 일제 강점기에도 확실한 흔적을 찾기는 어려웠다. 그런데 1970년대 일본 전방후원분과 유사한 장고형 무덤이 한국 땅에서 처음으로 발견되었다. 그것이 바로 신덕 고분이었다.

고고학계는 물론 고대사 연구자들 모두가 함평을 주목했다. 무덤이 있는 월야면이라는 지명은 내 기억에도 선명하게 남아 있다. 어릴 적 버스터미널에서 버스 앞 유리에 붙은 '월야'라는 지명을 자주 보았기 때문이다. 그렇게 기억 속 지명과 마주한 반가운 마음에 한달음에 월야면에 있는 신덕 고분을 만나러 갔다.

12월 초겨울 부모님과 함께 다녀왔다. 신덕 고분 가는 길에 들른 함평시장 화랑식당에서 먹은 한우 비빔밥은 별미였다. 봄에는 나비

축제, 가을에는 국화축제 때 문전성시를 이루는 맛집이다. 잘게 썬 돼지비계가 함께 나오는 이 비빔밥은, 비빌수록 고소함이 더해지는 천연 버터 같았다. 함께 나온 선짓국도 칼칼하면서 시원해 비빔밥의 맛을 더욱 살려주었다.

초겨울의 무덤은 을씨년스럽다. 들판 한켠에 이정표처럼 서 있는 소나무와 돌덩이, 그리고 그 뒤로 장고형 무덤이 모습을 드러낸다. 모든 거추장스러운 것들이 사라지고 본질만 남아 있는 느낌이었다. 약간 경사진 곳에 자리한 이 무덤은 전통악기 장고의 형태가 분명히 드러난다. 멀리서 드론으로 찍은 사진으로 보면 사각형 부분과 원형 부분이 뚜렷하다. 무덤은 굴식 돌방무덤이다. 무덤을 한 바퀴 천천히 돌았다. 낮은 골짜기의 용암 저수지와 고분 옆 몇 그루의 높다란 소나무가 한 폭의 동양화 풍광 같았다.

그 앞에 한참을 서 있었다. 무덤의 주인공이 내게 말을 걸 듯, 환영처럼 다가올 것만 같았다. 애지중지한 보물들이 돌아오지 못한 게 애통해서 무덤을 찾은 이들에게 무엇인가 말이라도 건넬 것만 같았다. 세월을 지나 다시 마주한 마한 땅, 함평은 말없이 속삭이는 듯했다. "너는 여기에 속해 있어. 여기가 너의 시작이야"라고. 한때 이곳에서 번영을 이루었던 마한의 숨결이 지금도 이 고분을 통해 이어지고 있다는 사실이 고마웠다.

무더운 8월, 여름의 무덤을 다시 찾아갔다. 계절에 따라 달라지는 풍경을 보고 싶어서였다. 마한사에 관심 있는 이들이 모인 역사 답사팀과 함께했던 당시의 모습은 광주 MBC 다큐멘터리 〈세계 속의 마한)의 한 장면으로 남았다. 초록빛 풀이 무성했던 그때, 무덤은 생명력으로 가득했다. 계절이 바뀌면 무덤의 분위기도 달라진다.

우리나라에서 최초로 장고형 무덤의 존재가 학계에 보고된 것은 1984년이다. 한일 고대사 연구의 핵심 열쇠로 주목받던 이 무덤은, 그러나 학계의 우려 속에 발굴조차 하지 못한 채 7년 동안 방치되었다. 전국에 있는 수많은 유적들의 발굴대상 우선순위에서 그 순서가 뒤로 밀려 있었을 것이다. 그러는 사이 어처구니없는 일이 생긴다. 도굴꾼들의 표적이 된 것이다. 사건이 커지자 겁을 먹은 도굴꾼 일당이 일부 유물을 되돌려줬지만, 돌아오지 못한 유물들 중에 국보급 유물도 있었을 가능성은 여전히 안타까움을 남긴다. 당시 동행했던 박중환 전 관장은 "신덕 고분은 1971년 발굴된 무령왕릉에 버금가는 엄청난 규모이며, 당시 도굴된 유물 중에는 국보급에 해당하는 소중한 자료들이 포함되어 있었을 것"이라고 소개했다. 이 얼마나 애통한 일인가.

만가촌,
당근처럼 생긴 가족애로 뭉친 무덤들

함평은 그 이름처럼 넉넉하고 평화로운 풍경을 품고 있었다. 신덕 고분에서 멀지 않은 월야면 예덕리에 만가촌 고분이 있다.

당시에는 신덕 고분과 만가촌 고분이 함께 하나의 마을을 이루고 있었을 것이다.

무덤 입구에 세워진 안내판을 먼저 읽어보았다. 안내판은 이 고분을 4세기에서 5세기에 걸친 '백제의 옹관묘군'이라 설명하고 있었다. 무덤 여러 곳에서 마한 특유의 옹관이 출토되었지만 백제 문화로 분류하고 있었다. 마한 소국이 있던 이 지역은 백제에 병합된 이후에도 일정 기간 문화가 지속되었으므로 마한 시대의 매장 풍습이 여전히 남아 있다는 설명이었다. 그러나 나는 안내판의 설명이 아쉽고 원통하여 마음속으로 외쳤다.

'백제 시대 마한의 풍습이 남아 있는 게 아니라 백제의 압박에도 꺾이지 않았던 마한, 꺾이지 않는 나라가 바로 여기에 있었던 거야.'

'만가촌'이라는 지명 자체도 흥미롭다. 1만 호가 살았다고 하여 붙여졌다는 이 이름은 그 자체로 다양한 이야기를 품고 있을 것만

같았다. 송학동 고분, 대성동 고분 등 대부분의 사적지는 발견된 지역명을 따르지만, 1만 호의 만가라는 이름에서 가옥의 다양한 가족들의 이야기부터 각양각색일 것만 같다. 보기 전부터 궁금증을 갖게 만드는 묘한 매력의 이름을 지닌 무덤이다.

이름만큼 다양한 형태의 고분을 볼 수 있다는 게 이 무덤을 다녀와야 할 이유다. 압도적인 규모는 아니지만 각양각색의 무덤들이 무리를 이루어 하나의 촌락을 형성하고 있었다. 초겨울 바람에 흔들리는 무덤 위의 풀들이 인상 깊었다. 다양한 형태의 고분들이 친구처럼 나란히 붙어 있는 모습은 마치 그 온기로 추운 겨울을 함께 견디려는 연대감처럼 느껴졌다.

이곳의 무덤들은 매우 독특한 모양새를 지닌다. 경주의 오릉처럼 봉긋 솟은 고분도 아니고, 방대형 고분도 아니다. 원형도, 정사각형도 아닌, 길게 늘어진 사다리꼴 형태다. 크고 작은 이 사다리꼴 모양의 무덤들이 14기나 함께 모여 있었다. 마치 UFO를 타고 온 외계인이 남긴 흔적처럼 낯설고도 신비롭다.

이 독특한 형태에 대해 재미있는 설명도 들었다. 광주 MBC에서 제작한 다큐멘터리 〈세계 속의 마한〉에서 고고학 강연으로 정평이 난 강인욱 교수는 이 무덤을 '당근 모양'이라고 설명했다. 그 표현을 듣자마자 무릎을 칠 만큼 공감이 갔다. 고고학을 대중적으로 풀어내는 그의 표현이 인상 깊었다.

어떻게 이 독특한 당근, 길다란 사다리꼴 모양이 나오게 되었을까. 이 무덤들은 한 사람의 것이 아니라 여러 세대에 걸쳐 조성된 가족 무덤이다. 부부를 먼저 묻고, 이어 자녀들을 옆에 묻는 과정을 반복하면서 무덤이 수평적으로 확장되었고, 그 결과 사다리꼴 형태가 된 것이다. 한 가족의 세대가 함께 모여 사는 곳, 그곳이 바로 만가촌 고분이다. 만가촌은 세대를 잇는 끈끈한 가족애로 엮인 죽음의 공간이다.

바다가 넘실거렸을 죽암리 고분

함평은 서해와 맞닿아 있는 고장이다. 현대에 들어와 간척이 진행되며 지금은 대부분 육지로 변했지만, 마한 시대엔 바닷물이 마을 앞까지 넘실거렸을 것이다. 함평의 죽암리 고분은 바로 그

런 공간에 자리하고 있다.

이 고분은 함평군 함평읍과 손불면, 신광면이 만나는 지점인 '떼등'이라 불리는 낮은 구릉에 위치한다. 지금은 주변이 너른 들판이지만, 바다 쪽에 제방을 쌓기 전에는 이곳 앞까지 바닷물이 들어왔던 흔적이 남아 있다. 바다를 바라보던 이 고분은 누구를 위한 무덤이었을까.

죽암리 고분 역시 장고형 고분이다. 함평에는 이 고분을 포함해 장고형 고분이 두 기 발견되었다. 한 지역에서 두 기나 발견된 예는 드물다. 이는 함평에서 장고형 고분이라는 양식이 하나의 흐름을 이루었다는 뜻이기도 하다. 고대 한일 관계사에서 의미 있는 일들이 이곳 함평에서 이뤄졌을지 모른다.

고분의 규모도 크다. 전체 길이만 70미터에 달하며, 원형부의 지름은 36~39미터, 높이는 8미터에 이른다. 방형부는 최대 너비 37미터, 높이 7미터다. 해남 장고봉 고분과 더불어 현재까지 확인된 장고형 고분 중 가장 큰 규모다.

당시 영산강 유역에서 성행하던 고분과는 다른 구조다. 이 무덤의 주인공은 누구였을까. 일본에서 유행하던 무덤 양식이 어떻게 이곳까지 흘러들었을까. 이를 두고 '망명 왜인설'이 제기된다. 백제에 밀려 일본 열도로 망명했던 마한인들이 다시 귀환해 살다가 이 땅에 남긴 무덤이라는 해석이다. 디아스포라의 귀환인 셈이다.

그 지역의 역사를 알 수 있는 책들이 많지는 않은데, 최근에 함평의 역사를 알 수 있는 책이 출간되었다. 함평 사람들이 남긴 삶의 흔적을 담은 《의롭고 당당한 함평 역사 이야기》가 그 책이다. 반갑고 궁금한 마음에 사서 읽어보았다. 저자는 KBS 〈역사스페셜〉 등을 제작한, 오랫동안 프로듀서로 활동한 분이었다. 40여 년의 서울 생활을 마치고 고향인 함평으로 돌아와 새롭게 만난 함평의 고분들이 마음속에 깊은 인상을 남겼다 했다. 그는 틈날 때마다 지역 곳곳의 고분을 탐방하며 51개의 유적지, 200여 기의 고분을 기록했다. 그 고분들 속에 깃든 당당함과 진취성, 개방성은 곧 함평의 역사였다. 발로 현장을 누빈 결과물이 책으로 출간되는 것은 반가운 일이다.

나 역시 그 저자처럼 다시 고향 함평을 찾게 되었다. 다시 돌아온 함평에 대한 인상은 어렸을 때와는 사뭇 달랐다. 어린 시절엔 평범한 언덕으로만 느껴졌던 그곳이 마한인들의 무덤이었다는 사실이 밝혀지면서, 이 땅은 이제 무거운 역사의 의미로 다가왔다. 삶과 죽음이 맞닿은 공간, 마한인들의 문화가 피어난 자리. 고분에 새겨진 삶의 흔적은 마치 강물이 땅을 적시는 것처럼 함평의 땅과 내 마음에도 깊이 스며들었다.

한때 이곳에서 번영을 이루었던 마한의 숨결이 지금도 고분을 통해 이어지고 있다는 사실은 내 삶의 기적처럼 느껴진다. 멈춘 줄만 알았던 고향의 시간도, 강물처럼 쉼 없이 흘러왔던 것이다. 유년의 기억에 머물러 있던 함평, 이제 나는 새로운 눈으로 함평의 마한을 마주하게 되었다.

무안·목포,
영산강 풍경이
역사에 말을 건다

　　무안은 예부터 풍요로운 땅이다. 바다와 육지가 함께 있다. 바다는 대한민국 최초 갯벌습지 보호 지역이 있어 생태로 유명하다. 무안 땅 절반은 게르마늄과 칼륨이 많은 붉은 황토밭이라 여기서 나는 양파와 마늘은 최고로 쳐준다. 지금도 문명의 상징인 KTX 철길과 서해안 고속도로가 이곳을 지난다. 인근 지역인 목포와 신안은 모두 무안에서 시작된 곳이다. 목포는 '무안군 목포리'에서 일제 강점기 성장해 나간 도시이고, 1004개의 섬 신안은 60년대 '새로운 무안'이라 해서 이름이 신안이 되었다.

　　마한은 영산강 물줄기를 따라 만들어졌다. 무안은 그러한 영산강을 품고 있다. 남도의 곡창 지대를 적시며 흘러온 영산강은 바다로 흘러 들어가기 전에 무안 땅을 촉촉이 적시며 땅을 살찌운 것이다. 무안의 영산강은 한반도 모양의 '느러지'를 만들고, 흐르는 강물

은 마치 갈대가 피리 되어 소리 내는 것 같은 '몽탄노적'을 만든다. 느러지와 몽탄노적은 무안의 영산강변에 있다.

지금 우리가 무안에서 찾아볼 수 있는 마한 유적지는 모두 영산강 가까이에 형성되어 있다. 대표적인 곳이 양장리 마을 유적과 구산리 고분이다. 이곳에서는 마한의 무덤에서 늘 등장하는 옹관이 발견되었다.

무안의 마한 답사는 목포대 박물관부터

무안의 마한을 보려면 먼저 목포대 박물관을 가야 한다. 무안에는 군 단위 박물관이 없다. 무안뿐만이 아니라 전라남도 전역에 군 단위 박물관이 있는 곳은 없으니, 무안의 무관심을 유달리 탓

할 이유는 없다. 그렇다 해도 다른 지역에선 흔히 볼 수 있는 옛 무덤의 흔적인 봉분조차 가꿔놓은 곳이 없다는 건 아쉬울 따름이다.

이러한 상황에 목포대 박물관이 있는 것은 다행이다. 목포대학교 박물관은 목포가 아닌 무안에 있다. 국립목포대학교 캠퍼스는 원래 목포에 있었으나 일부 시설만 제외하고 지금은 신캠퍼스인 무안의 청계면으로 대부분 이전해왔다. 이곳은 대학 박물관이지만 이 지역의 역사를 잘 보여준다. 무안과 인근 목포시에 걸쳐 역사박물관 하나 없는 공백을 메우고 있는 고마운 박물관이다.

나는 역사 여행길에 오르면 먼저 인근의 박물관을 찾곤 한다. 광주에서는 국립광주박물관을, 나주에서는 국립나주박물관과 복암리전시관을 먼저 찾았다. 무안에서는 당연히 목포대 박물관을 찾았다. 무엇보다 박물관은 관련된 유물, 자료, 모형 등을 통해 해당 장소의 시대적, 문화적, 역사적 맥락을 설명해주기 때문이다. 실상 유적지에 가면 발굴 이후의 형태만 남아 있을 뿐 실제 발견된 유물은 모두 박물관에 가 있다. 다양한 전시물을 통해 그 시대와 유적지에 대한 문화적 감수성을 되찾을 수 있다. 먼저 박물관을 방문한 후 유적지를 찾는 것은 역사와 문화를 깊이 이해하기 위한 나만의 효과적인 방법이다.

목포대학교 무안의 청계 캠퍼스 박물관 입구에는 이 지역의 마한 사회 특성을 보이는 옹관이 멋지게 서 있다. 두 개의 전시실 중 1전시실은 '바다와 내륙의 네트워크'라는 주제로 서남해 지역의 선사, 고대인들이 남긴 특징적 유물을 보여주고 있다. 특히 재밌는 곳은 양장리 유적이었다. 2전시실은 '남도 고려조선을 품다'라는 주제로 고려와 조선 시대 사람들의 삶과 문화를 전시하고 있다. 그리고 영산강 유역 세력들의 독자적인 문화를 상징하는 옹관을 특별히 조망한 '옹관 전시실'이 따로 있다. 발생기 옹관부터 최전성기 대형 전용 옹관까지 각 시기별 옹관을 복원, 전시하고 있는데 옹관의 세계를 알 수 있는 귀중한 공간이다.

목포대 박물관이 발굴한 양장리와 구산리 유적의 당시 모습을 목포대학교 학생들이 그려놓은 그림들이 인상적이었다. 당시의 농사 짓는 풍경, 수렵과 채집하는 모습, 옹관을 만들고 운반하는 모습 등이 마치 그 시대로 들어간 듯 생생하게 전해졌다. 학생들은 역사적 상상력을 발휘해서 마한의 모습을 상상하고 있었다. 역사적 상상력은 힘이 세다. 마치 타임캡슐을 타고 그 시대로 소환된 것처럼 우리를 과거로 안내한다.

진솔한 일상, 양장리 생활사 유적 자리

목포대 박물관에서 마한 시대의 마을 자리, 양장리를 처음 만났다. 고분이 당시를 주름잡던 권력 있는 자들의 고고학 자리라면, 생활사 유적은 그 시대를 살았던 평범한 일반인의 고고학 자리이다. 신창동이나 늑도, 군곡리 패총들이 그러하다. 생활사 유적들은 고대 한국인의 주거, 취사, 복식, 음식, 직업과 심지어 문화, 여흥,

내밀한 내세관과 종교까지 우리에게 알려준다. 작지만 소중했던 옛날 옛적의 진솔한 일상들이다. 그 모습이 좋아 혼자 가기도 했고, 목포대학교 박물관의 김영훈 학예실장과 함께 가보기도 했다.

양장리 유적은 무안과 목포 구간의 서해안고속도로를 건설하는 과정에서 발견되었고 고속철도 확장 공사 과정에서 한 차례 더 발굴했다. 양장리는 고속철도와 고속도로가 다 지나간다. 그 가운데 낮은 구릉에 양장리 생활사 유적 자리가 있다. 지금은 논밭과 군데군데 축사가 보일 뿐 안내 표지판도 없다. 아무 일도 없었던 듯 일상을 영위하고 있는 곳이 양장리이다.

양장리는 청동기부터 통일신라 시대에 이르기까지 형성된 마을 유적이다. 마한도 그 가운데 있을 게다. 이곳의 마한 사람들은 영산강 주변에서 농사를 지었다. 낮은 언덕에 형성된 마을은 수십 가구에서 수백 가구까지 확대되었다. 김영훈 실장의 설명에 따르면, 옛 양장리 사람들은 토기를 자체 제작하여 사용하고 농경 문화를 바탕으로 성장한 후 주변 지역과 교류 활동을 전개한 집단이었다. 양장리 유적지는 지금까지 발견된 저습지 규모 중 최대였으며 볍씨를 비롯한 복숭아씨, 박씨 등이 다량 나왔다고 한다. 1990년대는 아직 저습지 발굴이 시작되기 전이었으니 발굴 기법이 세련되지 않아 놓친 것도 많을 터이다.

목포대 박물관에서 본 양장리 모습이 기억났다. 목포대학교 학생들이 직접 그려낸 당시 양장리 모습도가 기억에 남아 있었던 것이다. 가장 인상적인 것은 경계를 표시하기 위해 만든 울타리에 박힌 '목책'이었다. 사람들은 구덩이를 파고 나무 말뚝인 목책을 박았다. 목책이 있어 내 소유물을 보호할 수 있었다. 목책은 경계를 표시해 갈등을 줄이고자 했던 마한 사람들의 삶의 지혜다.

경계의 표시는 집자리에도 있었다. 마한 시대의 집은 사각이었다. 재미난 것은 집 주변에서 발견된 수로인데 학자들은 이 수로를 환호로 본다. 환호는 고고학상의 전문용어로 일종의 시설물을 둘러싸는 도랑이다. 도랑을 판 이유는 다른 공간과 분리시켜 경계를 만들기 위해서다. 따라서 환호는 정착의 흔적이다. 수렵과 채집에서 농경으로 정착되는 사회에서 출토되는 구조물들이다. 목책과 환호는 모두, 이 지역에 사람들이 정착해 살면서 나와 타인을 경계 짓기 시작했다는 흔적이자 신호들이다.

양장리에 서서 이 일대를 둘러보았다. 영화관에서 4D 영화를 보듯 내 눈앞으로 농사 짓는 마한 사람들의 모습이 와락 달려오는 듯했다. 그들의 삶의 무늬는 농경이었다. 평화롭게 논과 밭에서 농사를 짓고 5월과 10월이면 하늘에 제사를 지내는 모습이었다.

구산리, 예쁜 옹관을 찾아가다

내가 본 옹관 중 가장 예쁜 것은 목포대 박물관 전시실에 놓인 구산리 옹관이다. 이 옹관은 두 개의 옹관이 합쳐진 구조로, 전체 길이가 3미터 15센티미터에 달한다. 작은 옹관이 큰 옹관 속으로 약 10센티미터 정도 삽입된 형태다. U자형의 전용 옹관으로 지금까지 발굴된 옹관묘 중 가장 크다고 한다. '전용 옹관'이라 함은 무덤에만 사용되었다는 뜻이다.

무엇보다 인상적인 건 그 부드럽고 완만한 곡선이다. 크지만 위협적이지 않고 마치 어머니의 품처럼 편안한 인상을 준다. 색깔도 독특하다. 국립나주박물관에서 보았던 많은 옹관들이 황토색이나 회색에 가까웠다면 이 옹관은 은은한 크림빛을 띤다. 목포대 박물관 김영훈 학예실장은 연신 '심미성이 가장 뛰어난 옹관'이라며 자랑스러워했다. 직접 옹관을 마주하면 누구나 그 말에 고개를 끄덕이게 될 것이다.

이 옹관을 만들기 위해 마한의 도공들은 얼마나 정성을 쏟았을까. 흙을 더미처럼 쌓아 올려서 옹관을 구워냈을 터다. 상당한 수준의 제작 기술이 없었다면 나오기 힘든 옹관이다. 그들의 손 솜씨는 탁월하다. 나는 무안 몽탄에서 활동하는 도예가 한갑수를 알고 있다. 그의 대표작은 고슴도치인데, 고슴도치의 한 털 한 털을 흙을 말아 올려 구워낸다. 그의 솜씨를 볼 때마다 마한의 도공들이 떠오른다. 그들의 경험과 선천적 능력이 현재의 도예작가 한갑수에게 흘러 내려온 것 같다. 몽탄에 터를 잡은 것도 마한의 숨결이 그를 이끌었기 때문은 아니었을까. 그리고 그를 지금도 응원하는 것은 아닐까.

이 옹관이 어떤 지형에서 발견됐는지 궁금해 구산리를 찾았다. 인적 드문 시골길을 지나 낮은 구릉 위에 도착했다. 구산리 고분은 무안과 일로를 잇는 호남선 복선화 사업 구간이 착공되면서 발굴조사가 이루어졌다. 지금은 온통 옥수수밭이었고 토기 파편이 여기저기 드러나 있었다. 왼편에는 누군가의 가족무덤이 새로 조성되고 있었다. 죽음과 삶이 다정하게 어깨를 걸고 있다는 생각이 들었다.

함께 간 김영훈 학예실장은 당시 발굴 현장을 떠올리며 말했다. "이 무덤은 마한 시대에 영산강을 향해 가장 위용 있게 솟아 있었을 겁니다." 구릉에 올라 무안 들판을 바라보니 멀리 영산강이 흐르고 있다. 당시의 장면을 상상해보았다. 강을 따라 배들이 오가고, 마을은 평화로웠을 것이다. 그리고 그 중심엔 이 거대한 무덤이 있었으리라. 무덤은 그 집단과 사회의 위세와 능력을 보여주는 대표적인 구조물이다. 서울의 고층 아파트 타워팰리스가 높이높이 올라가는 것처럼, 구산리의 무덤도 당시 마한 사회의 위용을 자랑하며 당당하게 서 있었을 것이다.

몽탄 사람들의 왕건 사랑

양장리와 구산리는 모두 몽탄면에 속해 있다. 몽탄은 '꿈 몽夢', '건널 탄灘' 자를 써서 '꿈에 건넌다'는 뜻이다. 이곳이 몽탄이라 불리게 된 이유는 고려의 시조 왕건을 기억하기 위해서다. 왕건이 영산강을 건너는 꿈을 꾸었고, 그 계시대로 강을 건넌 끝에 승기를 잡았기 때문이라고 한다. 자세한 내막은 이렇다.

후삼국 시대 왕건과 견훤의 치열한 대결이 벌어졌을 무렵, 이 지역은 왕건의 편에 섰다. 903년 이곳에서 왕건과 견훤이 맞붙었다. 왕건은 영산강가에서 군사를 쉬게 한 뒤 잠시 잠이 들었는데 백발의 할머니가 꿈에 나타나 "어서 물을 건너라"고 말했다. 잠에서 깨어보니 마침 썰물 때였다. 그는 곧장 병사들을 이끌고 강을 건넜고, 견훤의 포위를 피해 승리할 수 있었다. 그 결정적인 순간이 있었기에 고려라는 새 시대를 열게 된 것이다.

지금도 몽탄면에 가면 몽송이라는 마을이 있다. 왕건이 잠들었던 소나무가 있었다 하여 붙여진 이름이다. 이곳 사람들의 왕건에 대한 애정은 당시에도 지극했고 지금도 여전하다.

한때, 왕건의 고려마저도 '훈요10조'를 운용, 전라도 사람들을 차별했다며 지역 차별의 역사적 명분을 찾는 경우도 있었다. 그러나 이것은 잘못된 인식으로, 실제 왕건은 호남을 홀대한 적이 없으며 오히려 나주 호족 출신 장화왕후에서 난 태자에게 왕위를 물려주었다. 그가 바로 고려 2대 혜종이다. 왕건을 향한 몽탄 사람들의 깊은 애정은 짝사랑이 아니다.

꺾이지 않는 마음, 최부

마한의 흔적이 남아 있는 무안의 영산강에서 꼭 가봐야 할 곳이 있다. 바로 한반도 모양을 한 '느러지'다. 몽솔마을 인근에

위치해 있다. 따뜻한 봄볕이 시작되는 평화로운 날 느러지를 찾아 나섰다. 담양에서 시작된 영산강은 나주평야를 지나면서 강폭이 넓어지고 유속이 느려진다. 그 구간에 한반도를 꼭 닮은 곡류 지형이 나타난다. 마치 바다로 나아가기 전 마지막 호흡을 가다듬는 느낌이다. 이곳에는 전망대도 있어 멈춘 듯 흐르는 영산강을 감상하기에 제격이다.

느러지에 가면 운명에 맞서 꺾이지 않았던 한 선비를 기억해야 한다. 바로 세계 3대 기행문 중 하나인 《표해록》의 저자 최부崔溥(1454~1504)다. 그의 이름을 따라 조성된 최부길이 이곳에 있다.

최부는 1487년 제주에서 추쇄경 차관으로 근무하다 부친상을 당해 돌아오던 길에 풍랑을 만나 망망대해를 표류하게 된다. 가까스로 중국 강남에 도착하지만 왜구로 오인받아 목숨이 위태로울 정도의 심문을 받는다. 그러나 천신만고 끝에 그는 북경을 거쳐 마침내 조선으로 귀환한다. 돌아올 때조차도 호송관의 감시 아래 귀국해야 했다고 한다.

그는 불운한 운명 속에서도 글을 남겼다. 기록하고자 했던, 꺾이지 않는 마음이 《표해록》이다. 이후 무오사화에 연루되어 함경도에 유배되었고 갑자사화 때는 끝내 처형되었다. 그는 훈구에서 사림으로 넘어가는 시대, 시대정신을 놓고 지식인 사회가 치열하게 싸우던 때를 살았다.

느러지에서 최부길을 걸으며 나는 조선의 지식인 최부를 떠올렸다. 그의 '꺾이지 않는 마음'을 기억하고 싶었다. 기억은 최고의 추모다.

느러지와 최부길을 걷고 난 뒤 출출해질 무렵, 가볼 곳이 있다. 이 시골 몽탄에 6년 연속 블루리본을 받은 짚불구이 삼겹살 맛집이 있다니 신기하다. '두암식당'이다. 주인은 무더운 여름에도 땀을 뻘뻘 흘리며 고기를 정성스레 구워낸다. 짚불향 가득한 삼겹살을 한 점 베어 무는 순간, 그 수고에 감사한 마음이 들었다. 무려 60년을 이어온 식당이라니, 세월이 만들어준 맛집이다.

문득 마한 시대에도 짚불에 생선이나 고기를 구워 먹었을까 궁금증이 들었다. 짚불의 최고 온도는 1000도에 가깝다고 하며 삼겹살은 40~50초 살짝 구워내야 맛이 살아난다. 마한의 옹기가 구워지는 온도다. 나는 짚불구이 삼겹살을 먹으며 마한의 옹관이 구워지던 그 순간을 떠올렸다.

목포에서 만나는 영산강의 마지막 길

목포는 본래 무안이었다. 마한 시대 영산강은 지금의 목포에서 바다와 만났다. 그러던 1978년 영산강 하굿둑이 건설되면서 영산강과 바다가 맞닿는 시대는 막을 내렸다. 영산강을 따라 형성된 수많은 포구와 나루터도 사라졌다. 이제는 그 흔적만이 남아 있을 뿐이다. 그 뱃길은 마한 시대부터 1970년대 말까지 무려 2천 년 가까이를 살아남은 교통로였다.

영산강의 마지막 길을 보고 싶어 나는 목포로 향했다. 영산강 하굿둑을 찾아가자 그곳에는 평화광장이 조성되어 있었다. 이곳의 명칭이 평화광장인 것은 지극히 당연한 일이다. 대한민국 최초로 노벨평화상을 수상한 김대중 전 대통령이 목포에서 자라났기 때문이다. 그는 신안 하의도에서 태어났지만 청소년 시절을 목포에서 보내며 꿈을 키웠다.

2024년 김대중 대통령 탄생 100주년을 기념해 제작된 영화 〈길 위에 김대중〉을 보았다. 젊은 시절의 김대중은 단정한 외모에 깔끔한 수트핏이 돋보였다. 체 게바라 못지않은 카리스마가 느껴졌다. 영산강이 끝나는 마한에서 청소년기를 보낸 그는, 단연 마한의 후예라 할 만하다. 그가 실천한 포용과 평화의 정신은 마한 옹관이 지닌 미의식과도 닿아 있다. 어쩌면 마한 정신의 승리가 시대를 흘러 김대중이라는 인물을 통해 드러난 것일지도 모른다.

금요일 밤 목포 앞바다 평화광장은 사람들로 북적였다. 목포는 퇴락한 항구 도시가 아니라 팔딱팔딱 살아 숨 쉬는 항구 도시였다. 해양전시관, 문화예술회관, 문학관 등이 이곳 바다를 끼고 문화타운을 이루고 있었다. 문학관에서는 윤심덕과 함께 현해탄을 건넌 김우진, 연극 〈산불〉의 차범석, 여성 소설가 박화성, 한국 평론의 벼락 같은 은총인 김현을 만났다. 목포는 그야말로 문화의 바다였다.

특히 극작가 차범석의 고향 사랑을 담은 문구는 깊은 울림을 주었다. '목포는 그에게 영원한 고향 산하였고, 그것은 물리적인 실존이자 정신적인 환상이었다'라고 적혀 있었다. 차범석 선생은 문학 세계의 뿌리를 물으면 주저 없이 '고향'이라고 답했다 한다. 어디에 있든 잊히지 않았던 고향, 남도였다.

마한 답사는 영산강 답사에서

　　　　마한은 영산강 물줄기를 따라 형성된 문명이다. 영산강을 따라 걷던 어느 날 강 너머 하늘을 찌를 듯 솟은 고층 아파트 숲이 보였다. 광주 첨단지구의 아파트 단지였다. 그 순간 '아, 문명은 예나 지금이나 강가에 이루어졌구나'라는 생각이 들었다.

　마한의 나라들도, 오늘날 고층 아파트처럼 강을 따라 생겨나고 변화하며 발전하다가 결국 사라졌다. 백제의 압박에 밀려 명맥을 다했다 해서 애달파할 일만은 아니다. 모든 문명의 여정이 그렇지 않은가.

　마한의 존재를 단번에 실감한 순간은 무안에서다. 이른 봄 주말 오후 무안의 영산강을 보러 나섰다. 이곳에는 한가로움을 좋아했던 한호 임연(1589~1648)이 지었다는 정자 식영정이 있다. 이름은 담양의 송강 정철이 머물던 식영정과 같은데 무안의 식영정은 중앙의 방 한 칸과 이를 둘러싼 마루로 구성되어 있다. 식영정에 올라서자 영산강과 멀리 펼쳐진 들판이 한눈에 들어왔다. 마당에는 510년을 살아온 보호수 팽나무와 푸조나무가 우뚝 서 있고, 이른 봄 동백꽃이 흐드러지고 있었다.

　떨어진 동백꽃 몇 송이를 주워 꽃병에 꽂으니 영산강과 마한의 시간이 내 방 안에 머무는 듯했다. 동백꽃이 만개하던 시절은 마한의 강성한 시대였고, 떨어진 동백꽃은 먼지처럼 사라진 마한의 운명이었다. 그러나 수천 년을 돌아 내 책상 위 꽃병에 다시 찾아온 동백은 끝나는 것이 아니라 흘러가는 시간이었다.
 잊힌 것을 마중하고 환대하면, 낯설었던 것들이 베일을 벗고 그 아름다움을 드러낸다. 마한 또한 우리에게 그러하다. 그렇게 봄날은 간다.

해남,
마한의 숨결이 멎는 곳

 해남에는 '대한민국의 땅끝'이 있다. 해남군 송지면 송호리가 바로 그곳이다. 제주도를 제외하면 한반도 국토의 본토 중 최남단이다. '땅끝, 해남'이라는 표현은 그 자체로 압도적이다. 지구의 끝자락에 서 있는 듯한 느낌을 주기 때문이다. 그곳에 마한도 있었다. 마한의 땅끝 역시 해남에 있었다.

 마한의 땅끝은 송지면 군곡리다. 해남반도를 따라 내려가다 땅끝마을에 다다르기 전, 군곡리 유적지가 나온다. 이곳은 청동기 시대부터 삼국 시대까지 여러 시기의 유물이 혼재된 복합 유적지다. 마한의 시대도 이 안에 포함되어 있었을 것이다. 군곡리는 송지면 백포만에 위치한다. 지금은 농경지로 변했지만 예전에는 바다가 바로 인접해 있었다. 2022년 가을과 겨울이 맞물리던 시기, 나는 그곳을 찾았다. 바다는 보이지 않았고 낮은 구릉 위에 소나무 숲이 펼쳐져 있었다. 오직 군곡리 유적지임을 알리는 표지판만이 이곳의 과거의 영광을 전하고 있었다.

군곡리가 과거에 바다였음을 알려주는 것은 이곳에서 발견된 패총이다. 패총이란 사람들이 먹고 버린 조개껍데기나 생활 쓰레기가 퇴적되어 쌓인 유적이다. 나는 목포대 박물관에서 군곡리 패총 일부 단면이 전시된 것을 본 적이 있다. 박물관 전시실에 옮겨진 패총은 드라마틱했다. 현대미술의 한 작품처럼 전위적이고 실험적이었다. 옛것을 보며 현대미술을 떠올릴 수 있다는 것은 꽤 색다른 경험이다. 먹고 마시고 버려진 것들이 시간의 층을 머금고 켜켜이 쌓여 있었다. 조개 사이에는 불에 탄 쌀의 흔적도 있었고, 중국 동전도 함께 발견되었다. 이천여 년의 시간을 견뎌온 조개더미 앞에서, 아직 백년도 살지 못한 나는 겸허해질 수밖에 없었다.

군곡리, 마한 신미국의 국제항구였을까

군곡리 유적지는 1986년 첫 발굴 이후 지금까지 9차례 조사되었고, 2003년에는 국가 사적 제449호로 지정되었다. 40여 년 전 이곳은 마늘밭으로 덮인 구릉지였다. 향토사학자 황도훈 씨가 1983년 조개껍데기와 토기편이 함께 섞여 있는 것을 발견하고 언론에 알리면서 유적은 세상의 이목을 끌기 시작했다. 발굴 과정에서는 배 모양 토기를 비롯해 다양한 토기가 출토되었고, 중국 등 외국과

의 교역 흔적인 오수전이라는 중국 동전도 나왔다. 사람들이 모여 살았던 마을에서 아궁이의 흔적도 나왔고 최근에는 제사를 지낸 흔적도 발견되었다.

군곡리 유적지 뒤편 농경지 사이로 백포만 바다가 아스라이 펼쳐진다. 마한 당시 이곳은 중국, 한반도, 왜(일본)를 잇는 동아시아 해상 교역로의 중간 기착지였다. 서해를 따라가면 중국 대륙, 남해를 건너면 일본 열도로 이어지는 바닷길이다. 지도를 펼쳐 놓고 보면 상상이 쉬워진다. 백포만의 지리적 입지와 유물의 국제성 덕분에 이 일대에는 각국 사람들이 오가는 국제항구가 존재했을 것이라는 추정이 나온다.

이 일대를 기반으로 활동한 군곡리 세력은 마한의 중요한 정치 세력이었을 가능성이 높다. 최근 학계에서는 백포만을 중심으로 한 지역 정치체가 존재했다고 보며, 그 이름을 '신미국新彌國'이라 부르기도 한다. 이는 중국 역사서 《진서》(648년)에 등장하는 '신미'에서 유래한 이름이다. 마한의 맹주였던 목지국이 백제에 의해 해체된 뒤 4세기 중엽까지 신미국은 가장 강력한 마한의 맹주국으로 성장했다고 한다. 그 신미국의 거점이자 무역항이 바로 군곡리였다는 추정이다. 군곡리 세력은 고대 항로상의 중계 기항지라는 지리적 이점을 바탕으로 해상 지배권을 확보했으며, 이 경제적·군사적 힘이 마한의 핵심 정치체인 신미국 형성에 기여했을 것이다.

나는 군곡리의 낮은 구릉 위에 서서 평평한 농경지 너머로 보이는 백포만을 바라보았다. 지금은 정리된 논밭이지만 과거에는 바닷물이 유적 근처까지 닿았을 것이다. 서해와 남해가 만나는 그 바다는, 지금은 소나무 숲 사이로 바람소리만 흐르지만 당시엔 분주한 항구의 소음으로 가득했을 것이다. 교역선과 사신선이 드나들며 물건을 사고팔고 외국 사절이 머무르던 공간. 국제항 군곡리의 모습을 상상으로 그려본다. 군곡리는 해상 세력 마한의 힘을 보여주는, 역사적 상상력을 자극하는 매혹적인 장소다.

해남에서 찾은 장고형 고분들

다음으로 찾은 곳은 북일면 방산리에 있는 장고봉 고분이다. 군곡리에서 약 24킬로미터 떨어진 곳으로, 해남반도를 가로질러 완도 방향으로 이동했다. 군곡리가 진도를 바라보고 있다면, 방산리 장고분 고분은 완도 앞바다를 마주본다. 군곡리 인근에는 진도의 울돌목과 우수영이, 방산리 인근에는 완도의 청해진이 있다. 역사적으로 한반도 바다를 지켜온 핵심 거점들이다. 지도를 펼쳐보면 더 잘 느낄 수 있다.

방산리 장고봉 고분에 도착해 도로가에 잠시 차를 세우고 둘러보았다. 영산강 유역에서만 발견되는 장고형 고분 형태로, 앞은 사각, 뒤는 원형인 일본 전방후원분과 유사하다. 하지만 옆에서 보면 그 형태를 직관적으로 알아보긴 쉽지 않다. 고분 주위를 한 바퀴 천천히 돌아보았다. 그리고 그 압도적인 크기에 놀랐다. 자료를 보니 길이가 무려 77미터에 달하는 대형 고분이었다. 이처럼 거대한 무덤을 만들었다는 것은 상당한 경제적·군사적 힘을 가진 세력이 존

재했음을 암시한다. 이곳에서 1킬로미터만 더 가면 바다다. 군곡리 해상 세력과 무덤의 주인공은 어떤 연관이 있지 않았을까. 혹시 이 고분의 주인공은 일본의 전방후원분 세력과도 관련이 있었던 것은 아닐까. 답을 찾기 어려운 문제에, 생각은 꼬리에 꼬리를 물었다.

무덤 앞에는 후대에 만들어진 무덤이 여러 기 올망졸망 모여 있었다. 1500년 전 사람과 오늘날의 사람이 나란히 묻혀 있는 곳, 과거와 현재가 함께 숨 쉬는 공간이다.

방산리 외에도 해남에는 또 다른 장고형 고분이 있다. 삼산면 용두마을의 용두리 고분이다. 방산리를 돌아본 뒤 해남군청 가는 길에 들렀다. 용두리 고분은 마을 한가운데 자리하고 있었다. 4세기 전후에 조성된 것으로 추정되며 우리나라 다른 지역에서는 발견되지 않고 유독 영산강 유역에서만 존재하는 장고분이다. 그런 고분이 해남에서 두 기나 발견된다는 것은 흔치 않은 일이다.

용두리 고분은 우리나라 장고형 고분의 출현을 예고한 상징적인 장소다. 1980년대 일본 전방후원분과 닮은 무덤이 한반도에 있다는 학계 논쟁이 있었다. 이때 경상남도 고성의 송학동 고분이 거론되었으나 이는 가야 시대 무덤으로 판명되었다. 당시 1983년 영남대 강인구 교수가 실측조사에 나섰는데 고성의 송학동 고분과 해남의 용두리 고분이 그 대상이었다. 그는 두 곳이 전방후원형 고분이라고 주장했지만 결론적으로 고성 송학동은 아니었고, 용두리 추정은 맞는 것임이 밝혀졌다. 그 주장이 나온 후 2000년대 이르러 전남 지역에서 장고형 고분이 속속 발견되었기 때문이다. 아직까지 장고형 고분 세력과 왜 세력 간 관계는 명확히 밝혀지지 않았지만 언젠가 이 고분들이 양국 관계를 밝히는 열쇠가 되어줄 날을 기대해본다.

남파랑길의 특별한 무덤, 밭섬 고분

해남에 가면 남파랑길을 걸을 수 있다. 부산 오륙도에서 해남 땅끝까지 이어지는 무려 1470킬로미터에 달하는 우리나라 최대의 탐방로다. 이 길의 매력은 이름 그대로 남쪽의 쪽빛 바다와 함께 걸을 수 있다는 데 있다. 해남군 북일면에서 강진군 경계까지 이어지는 구간이 바로 남파랑길 85코스다. 이 길을 걷다 보면 또 하나의 무덤을 만날 수 있는데, 바로 밭섬 고분이다. 방산리 장고봉 고분에서 완도 앞바다 쪽으로 더 깊이 들어간 지점에 있다. 남파랑길을 걷다가 내동리 밭섬 고분군을 알리는 표지판을 만나면 잠시 들러볼 만한 곳이다. 고분 자체의 역사적 가치도 크지만, 이곳에서 바라보는 남해의 풍경은 오래도록 기억에 남을 감동을 선사하기 때문이다.

고요한 남해의 품에 안긴 밭섬은 지금은 해발 22.5미터의 낮은 언덕이지만 간척되기 전에는 이름 그대로 하나의 섬이었다. '밭섬'은 '바깥섬'에서 유래한 이름이다. 이곳에서는 두 기의 고분이 발굴되었다. 내가 이곳을 찾았을 때는 발굴 작업이 한창 진행 중이었다. 소나무 숲 사이로 남해의 쪽빛 바다가 한눈에 들어왔다. 푸른 하늘과 맞닿은 수평선, 그 위를 유유히 떠다니는 흰 구름이 어우러져 여행길에 평화와 안식을 더해주었다.

밭섬 고분은 삼국 시대 고분으로 알려져 있다. 고대 해남 지역에서 활동했던 해상 세력의 실체를 밝히는 데 중요한 문화유적이라는 설명은 있으나, 군곡리나 방산리의 마한 해상 세력과의 직접적 연관성은 아직 밝혀지지 않았다. 밭섬 고분에서 내려오면 곧바로 내동리 해변이다. 바다 위로 쏟아지는 강렬한 햇살이 물결 위에 반짝이는 윤슬을 만들어내고 있었다. 내동마을로 내려가면 사실적이고 예쁜 벽화도 볼 수 있다. 내가 아끼는 해남의 마한 패키지 길이다. 남파랑길 85코스를 걸을 땐 밭섬 고분을 찾고, 윤슬을 만나고, 벽화까지 함께 즐기시길 바란다.

해남의 바다에 가면 우수영을 보라

해남의 바다를 걷는다면, 우리의 바다를 지켰던 역사적 인물들을 떠올려야 한다. 왜냐하면 해남의 바다는 오래전부터 이 나라의 중요한 해상 방어선이었기 때문이다. 마한 신미국의 군곡리 세력들이 백포만을 지켰듯, 조선 시대의 이순신 장군은 해남군 문내면 우수영에 진을 치고 진도와 해남 사이 회몰이치는 바다 울돌목에서 명량해전(1597)을 치렀다. 세계 전쟁사에서도 유래를 찾기 힘든, 불가능을 가능으로 만든 전투였다.

우리의 길목을 지켰던 우수영을 보고 싶다면 문내면 우수영으로 가야 한다. 울돌목이 한눈에 내려다보이는 곳에 명량대첩기념공원이 있다. 우수영은 임진왜란 당시 가장 큰 규모의 수군기지였던 전라우수영이 있던 자리다. 이순신 장군에게 해남의 바다는 절박한 마지막 희망이었다. 칠천량 해전에서 원균이 패한 후, 고작 남은 12척의 배로 133척의 왜선을 맞이해 승리했던 바다. 일본군의 서해 진출을 막아 임진왜란의 흐름을 바꾼 전장의 현장이었다.

해남에서 돌아온 후 영화 〈명량〉을 다시 보았다. 이순신 장군 역의 최민식은 명불허전이었다. 배우로서 발성과 호흡이 뛰어난 그는 영화 속에서 육신은 이미 한계에 다다른 장군의 고통과 결의를 힘겹고 낮은 목소리로 표현해냈다. 바로 그 시대의 이순신이 그러했을 것이다.

"나는 바다에서 죽고자 이곳을 불태운다. 더 이상 살 곳도 물러설 곳도 없다. 목숨에 기대지 마라. 살고자 하면 필히 죽을 것이요, 죽고자 하면 살 것이니必死則生 必生則死, 한 사람이 길목을 잘 지키면 천 명의 적도 떨게 할 수 있다 하였다. 바로 지금 우리가 처한 형국을 두고 하는 말 아니더냐."

이순신은 고작 12척의 배만 남은 처절한 현실에서, 완전히 파괴된 육신으로 이 바다를 지켜야 했다. 그 바다는 조선의 바다였고 지금의 해남의 바다였다. 지금 그곳에는 이순신 장군의 동상이 명량해전의 격전지 울돌목을 향해 우뚝 서 있다. 해남의 바다를 지켜내던 그날을 기억하듯이.

거칠마 토성에서 발견된
마한 소도의 텃자리

아직 가보지 못한 곳이 하나 있다. 방산리 장고봉 고분 근처의 거칠마 토성이다. 올해 이곳에서 삼한 시대의 대표적 의례 공간인 '소도'의 흔적이 발견되었다는 기사를 읽었다. 거칠마 토성은 거칠매산 정상부를 둘러 담을 두르듯 쌓은 토성으로, 전체 둘레가 385미터에 이른다. 토성 정상에서는 사각형 제단과 함께 '입대목'을 세운 대형 기둥 구멍과 방울이 발견되었는데 이는 이곳이 소도의 터전이었음을 보여준다.

소도에 대한 기록은 중국의 역사책 《삼국지》 위서 동이전에 처음 등장한다. 그 내용은 다음과 같다.

'여러 나라에는 각각 따로 읍이 있는데 이곳을 소도라 한다. 큰 나무를 세우고 거기에 방울과 북을 매달아놓고 귀신을 섬긴다. 외지에서 도망해온 사람들은 모두 이곳으로 몰려들어 돌아가지 않고 도둑질을 좋아한다.'
— 《삼국지》, 위서 동이전 한조

소도는 농경 사회에서 농경신인 귀신에게 제례를 올리던 장소

다. 이곳은 특수 성역이어서 도망자들이 피신해와도 잡아가지 못할 정도였다. 이곳의 상징은 큰 나무, 방울, 제사다. 역사서에는 한자로 '입대목현령고사신立大木懸鈴鼓事神'으로 등장한다. 커다란 나무를 세우고 방울과 북을 걸어 신령을 모시는 풍습인 입대목 제사 의례가 행해지는 것이 소도의 특징이다. 그런데 거칠마 토성에서 제단, 큰 나무, 7센티미터 철제 방울 등이 발견되었다. 지금까지 발견된 제사 유적 사례 중 최대 규모의 특수 성역공간이라 한다. 브라보! 제일 기쁘고, 반가운 사건이다.

이 지역의 동아시아 항로상 입지와 주변 유물들을 종합적으로 고려할 때 이곳은 5세기~6세기경의 제사 유적이자 소도의 발전된 형태로 추정된다. 나는 고등학교 국사책에서 '소도'라는 단어를 처음 접한 이후로 이 신비로운 공간이 늘 궁금했다. 반드시 가보고 싶은 공간이다. 어쩌면 내 삶의 히든카드로 남겨두고 싶은 장소다. 아끼고 또 아껴서, 언젠가 꼭.

미래를 위해 과거를 보살피는 일이 중요하다

해남은 1980년대 군곡리 패총이 발굴되면서 학계의 주목을 받기 시작했다. 지금도 해남은 마한 관련 문화유산 발굴에 열심이다. 해남군청의 학예사부터 팀장, 과장까지 모두가 '해남 마한사 찾기'에 온 힘을 쏟고 있다. 나 역시 그들과 함께 해남의 또 다른 발굴지를 다녀온 적이 있다. 바로 현산면 읍호리 일대 고분군이다. 이곳에는 무려 110기의 고분이 밀집해 있다. 호남 지역 최대 규모다. 이곳에서 마한의 땅끝, 해남을 말해줄 특별한 유물이 발굴되길 기대해본다. 그런가 하면 인근의 산 중턱에는 청동기 시대 고인돌이 지천으로 깔려 있다. 아마도 고인돌 세력이 마한 시대 백포만 해상 세력의 토대를 이루었을 것이다.

해남은 마한과 관련해 가장 주목할 지역이다. 군 단위 박물관이 생겼으면 좋겠다. 해남이 이미 그 준비를 하고 있다는 소식이 들린다. 마한 해양 문화의 선도지로서, 해남이 그 일을 반드시 해내기를 바란다. 그 결실이 해남을 살아가는 사람들에게 자긍심이 되어줄 것이다.

해남에서 처음 마한을 만난 건 11월이었다. 바다 내음이 살짝 섞인 바람이 내 뺨을 스쳤던 그날의 느낌은 아직도 선명하다. 다음 날 새벽 산행을 미처 준비 못해 허술한 앵클부츠와 에코백 차림으로 나섰지만, 달마고도 관음재에서 마주한 바다 위 일출은 가슴 벅찬 감동이었다. 게다가 그 시절에 가장 맛있다는 은혜식당의 담백한 삼치회는 또 어떠한가. 11월이면 그 기억들이 고스란히 떠오를 것 같다. 그러니 또다시 해남으로 떠날지도 모를 일이다. 해남은 좋아할 만한 것투성이다.

신안,
바닷가에 잠들어 있는
마한의 흔적

사람들이 내게 '어디를 가장 많이 다녔느냐'고 묻는다면 아마도 '타인의 무덤'이라고 대답해야 할 것 같다. 사찰도 좋아해서 자주 찾았지만, 자연 속에 덩그러니 놓인 무덤들을 유독 많이 다녔다.《잊혀진 나라 가야 여행기》를 쓰면서 시작된 무덤과의 인연이다. 경상북도에서는 고령의 지산동 고분을, 경상남도 김해에서는 대성동 고분과 수로왕릉, 허황옥의 무덤을 섭렵했다. 남해가 내려다보이는 고성에선 송학동 고분을 비 오는 날 거닐었고, 함안의 말이산 고분에 오를 때는 석양이 지고 있었다. 일본 규슈의 유네스코 세계문화유산 신바루-누야마 고분을 찾았을 때는 오월의 푸르른 신록이 한창이었다.

누군가는 내게 '무덤을 보는 일이 두렵지 않냐'고 묻기도 한다. 맞다. 죽음은 누구에게나 두려운 존재다. 그러나 내게는 죽음을 대면하는 두려움보다 오랜 시간이 지나도 살아남는 무덤이라는 존재의 경이로움이 더 크다. 최근에 읽은 《사후생》은 호스피스 운동의 선구자이자 죽음학의 대가인 엘리자베스 퀴블러 로스Elizabeth Kübler-Ross의 책이다. 그녀는 '죽음은 그저 한 집에서 더 아름다운 집으로 옮겨가는 것'이라 말했다. 그녀의 주문을 믿게 된 이후 무덤은 더 이상 을씨년스럽지 않게 느껴졌다. 해가 뜰 때, 질 때, 비가 내릴 때, 눈이 쌓일 때, 무덤은 언제나 그 시간의 풍경을 간직하고 있었다. 나는 그 풍경을 애정한다.

그렇다면 그중에서 가장 인상 깊은 무덤은 어디였을까. 나는 주저 없이 신안 바닷가 옆 무덤을 꼽을 것이다. 신안은 전라남도의 수많은 섬들로 이루어진 지역이다. 섬이 1004개라 해서 '천사의 섬'이라 불린다. 서울에서 신안까지는 아직도 꼬박 하루가 걸린다.

바다로 둘러싸인 땅에 사람이 살았다

그 먼 곳, 바다로 둘러싸인 섬에서 수천 년 전 사람들이 살아가며 문화를 일구었다는 사실은 경이롭다. 그 의외성이 신기함을 불러일으키고 호기심을 자극한다. 바다로만 둘러싸인 저곳에 선사시대에도 사람들이 살아서, 임자도와 압해도 같은 섬들에서는 청동기 시대 고인돌이 140기가 발견되었다고 한다. 선조들의 개척 정신과 탐험심에 감탄할 뿐이다.

전라남도와 전남문화재연구소가 펴낸 책《전남의 마한유적》에는 광주와 전남 일대의 마한 유적지가 총망라되어 있다. 나는 그 책에서 신안군 유적 중 혼자 찾아갈 수 있는 곳을 추렸다. 예전에는 이 섬들에 가려면 목포에서 배를 타고 들어가야 했지만 지금은 '천사대교'라는 다리를 통해 자동차로 갈 수 있게 되었다. 그야말로 상전벽해다.

책 속 유적 중 천사대교를 건너 갈 수 있는 곳으로는 안좌도의 읍동 고분과 배널리 고분이 있었다. 읍동 고분은 고등학교 옆에, 배널리 고분은 바다가 바라다 보이는 곳에 있다. 두 곳 모두, 장소가 가진 특성이 특별했기에 출발 전부터 마음이 설렜다. 게다가 안좌도는 한국 추상화의 거장 김환기의 고향이기도 하다.

2022년 가을, 서울에서 KTX를 타고 목포로 향했다. 목포역 앞 공유 자동차 쏘카 주차장에서 예약한 티볼리를 타고 신안 마한 유적지 답사에 나섰다. 천사대교는 신안 섬 주민들의 삶을 완전히 바꾼 전환점이었다. 섬을 육지로 만든 길이만 해도 10킬로미터가 넘는다. 하늘을 향해 솟아오른 긴 탑 사이로 케이블들이 펼쳐지는데 마치 천사의 날개가 펼쳐진 듯했다. 자동차 속도를 줄이고 흘끗흘끗 바라본 섬들과 바다 풍경은 수묵 담채화 같았고, 바닷물은 지중해처럼 에메랄드빛으로 빛났다. 그 맑고 고운 물빛에 눈물이 날 지경이었다.

천사대교를 건너면 바로 만나는 섬이 암태도이다. 이곳엔 인스타그램 핫플로 유명한 기동삼거리가 있다. 동백꽃 파마머리 벽화가 담장에 그려진 집, 문병일 할아버지와 손석심 할머니의 집이다. 담장 너머의 동백나무와 두 분의 머리를 연결해 그려진 벽화는 아무리 바라봐도 질리지 않고 오히려 정감이 가득하다.

암태도는 내게 소설가 송기숙의 《암태도》로 기억되는 곳이다. 이 소설은 1923년 8월부터 1924년 8월까지 신안군 암태도에서 소작인들이 자발적으로 일으킨 농민항쟁을 다뤘다. 암태도 소작인 쟁의는 일제 강점기에 소작률 7할을 4할로 바꾼 역사적 사건이다. 일제 강점기 민중운동사에서 중요한 이 항쟁을 기리는 암태도 소작인 쟁의 기념탑이 세워져 있다. 그 앞을 한 바퀴 돌며 앞선 이들의 희생을 기렸다.

그 항쟁을 예술로 담아낸 전시 공간인 '암태 소작쟁의 100주년 기념 전시관'도 있다. 인물화가로 뛰어난 서양화가 서용선은 옛 암태도 농협 창고를 갤러리로 탈바꿈시켜 '암태 소작쟁의 100년을 기억하다'라는 주제로 항쟁의 장면들을 되살려냈다. 그 오래된 창고는 서울의 어떤 현대 미술관보다도 멋져 보였다. 70평 남짓한 공간이 7개의 주요 장면으로 꽉 차 있었다. 3.1운동과 동학, 범선 항해(목포행), 목포 시가지, 아사 동맹, 재판, 갈등, 하늘을 보다(서태석의 죽음)이다.

특히 3.1운동과 동학농민운동을 시작으로 500명 주민이 열 척의 배를 타고 목포를 향해 석방 운동을 벌이러 가는 그림이 인상적이었다. 마지막 장면은 암태 농민항쟁을 이끌었던 서태석의 최후의 모습 '하늘을 보다'로 마무리된다. 서태석이 볏잎을 움켜쥐고 죽어가는 모습을 아주 사실적으로, 강렬하게 그렸다. 그 죽음의 순간이 내게는 피에타만큼 강렬했다. 신안은 사랑하지 않을 수 없는 곳이다.

안좌도 바다에서 '환기 블루'를 보았다

　　　　암태도를 지나면 안좌도로 넘어간다. 안좌도에는 읍동 고분이 있고 고분으로 가는 길에 김환기 생가가 있다. 안좌도는 우리 추상미술의 선구자 김환기가 태어나고 자란 곳이다. 도착하니, 보라색 양복을 입은 근사한 문화해설사께서 생가 곳곳을 안내해주었다. 그 시절 가족들이 함께 살아간 세 칸짜리 방도 있고, 화가 김환기가 어린 시절 공부했던 서당도 있었다.

　화가 김환기가 그렸던 그림의 색이 자연스럽게 떠올랐다. 그가 수많은 점으로 완성한 대표작 〈어디서 무엇이 되어 다시 만나랴〉의 배경색은 블루다. 김환기 생가에서 나는 그 블루를 볼 수 있었다. 그것은 바로 신안의 바다 색깔이었다. 동해의 거센 바다색도 아니고, 서해의 모래를 담은 색도 아니다. 김환기가 그린 '환기 블루'는 신안 앞바다의 담백하고 우아한 파란색이다.

　화가 김환기는 자기가 나고 자란, 어린 시절 '물키게' 보았을 그 바다색을 늘 마음에 담고, 뉴욕에 가건 파리에 가건 블루를 그렸다. 그 파란색으로 광대한 우주의 신비와 고요를 표현한 또 다른 대표

작 〈우주〉는 2019년 홍콩 크리스티 경매에 출품돼 우리 돈 132억 원에 낙찰되었다. '환기 블루'를 기억하려는 듯 안좌도 김환기 생가 마을의 지붕들은 온통 블루였다.

화가 김환기 생가를 지나 읍동 고분에 더욱 가까워졌다. 6세기에 만들어진 읍동 고분은 안좌고등학교 뒷산에 있었다. 오래전부터 마을 사람들은 이곳을 '고려장'이라 불렀다. 멀리서 보아도 한눈에 알 수 있을 정도로 무덤의 형태가 오롯해서일 것이다. 옛날에는 4기가 있었다는데 확인된 것은 2기이다. 1호분은 안좌고등학교에서 동쪽으로 30미터 떨어진 곳에서 발견되었다. 2호분은 그곳에서 북서쪽으로 약 36미터 떨어진 곳에 있다. 바로 앞에 표지판이 있었지만 전문가가 아닌 내가 정확한 위치를 찾기는 쉽지 않았다.

1호분은 남북 18.2미터, 동서 17.8미터, 높이 2.2미터, 2호분은 남북 11미터, 동서 10미터, 높이 2.5미터의 원형분이다. 이 무덤은 굴식 돌방무덤이라고 한다. 6세기 후반이면 백제에서는 사비 시대의 굴식 돌방무덤이 유행할 때다. 그러나 읍동 고분은 백제의 굴식 돌방무덤과는 규모나 형태가 다르다고 한다. 이 무덤은 도굴되어 유물은 확인되지 않았다. 빈 무덤이었다. 백제의 무덤과는 다르다고 해도 그것이 신안에 남아 있던 마한의 흔적인지는 확인할 길이 없다.

읍동리 고분에서 나와 10킬로미터 떨어진 곳에 많은 사람들이 찾는다는 퍼플섬이 있다. 퍼플섬을 가보기로 했다. 도착해보니 온통 보랏빛 세상이다. 시장기를 느껴 입구의 칼국수집 진번 칼국수에 들어갔다. 전라도에서만 먹을 수 있는 팥칼국수를 먹었다. 어린 시절 엄마가 해주신 '팥죽'의 맛 그대로였다. 전라도에서는 팥칼국수를 팥죽이라 부른다. 그곳에서 바라보니 왼쪽에 있는 섬이 박지도, 오른쪽에 있는 섬이 반월도다. 이들 퍼플섬에 들어가기 위해서는 넓게 펼쳐진 갯벌 위로 놓인 퍼플교를 건너야 한다. 바닷바람을 맞으며 발아래 갯벌을 바라보며 걷는 느낌이 근사하다. 퍼플섬을 보며 BTS의 보라색을 떠올렸다.

배널리에서 바다를 지키던 사람들

이제 《전남의 마한유적》에 등장하는 배널리 고분을 찾아가본다. 섬을 자동차로 달리니 즐거웠다. 배널리 고분은 안좌도 남쪽 끝에 있다. 길가에 '배널리 고분'이라는 안내판도 보였다. 내비게이션의 안내를 따라가니 좁은 시골길 끝에 축사가 나왔다. 봉분이 솟은 고분은 보이지 않았다. 축사 주변을 기웃거렸더니 노년의 여성 한 분이 나오셨다. 무덤을 찾아왔다는 말에 축사 뒤 뒷동산을 가리키셨다. 그 말을 따라 뒷동산에 오르니 바다가 내려다보이는 낮은 언덕에 무덤의 흔적들이 있었다. 무덤에서 내려다본 바다에는 자라대교가 보였고 목포에서 흑산도와 홍도로 가는 배들이 다니고 있었다.

배널리는 '뱃나루'에서 유래한 지명이다. 예전에 이곳이 배가 닿거나 떠나는 나루터였다는 뜻이다. 지금은 안좌도 본섬과 연결되었지만 원래는 작은 무인도였을 것이다. 언덕 어디에도 과거 나루터의 흔적은 남아 있지 않았다. 사람이 쉽게 드나들 수도 없고 먹는 물조차 쉽게 구할 수 없는 곳이었다. 그런데 이곳에서 1500여 년 전의 고대 무덤이 발견됐으니, 고고학적으로도 특별한 사건이다.

배널리에서는 세 기의 무덤이 발견되었는데 온전한 것은 한 기뿐이었다. 나머지 두 무덤은 달의 표면처럼 구멍이 숭숭 뚫려 있었는데, 도굴된 흔적이다. 온전한 한 개의 무덤을 발견한 순간을, 이 무덤을 발굴한 동신대학교 이정호 교수에게 들었다.

"널따란 돌널 뚜껑을 들어 올리자 1500년 이상의 세월이 흘렀음에도 돌널 내부는 침출된 흙이나 불순물이 흘러들지 않은 채 망자가 누워 있던 공간이 드러났다. 그리고 바닥에는 각종 철기 제품과 수백 점의 옥 목걸이 장식이 놓여 있었다."

　다른 고분에 비해 봉분이 낮고 크기도 왜소한데 무덤 안에서 돌널무덤이 확인된 것이다. 망자의 발치에서는 갑옷과 투구가 발견되었다. 호남 지역에서 온전하게 출토된 갑옷 사례여서 관심을 많이 받았다고 한다. 갑옷을 연결한 가죽끈에서는 옻칠의 흔적도 발견되었다. 이 유물들은 지금 국립나주박물관에 소장되어 있다.

　갑옷과 투구 말고도 쇠칼, 큰 칼, 사곡검, 쇠화살촉, 쇠거울, 옥 등이 함께 출토되었다. 특히 사곡검은 매우 특별한 칼이다. 칼 몸이 마치 뱀이 움직이는 것처럼 2회 S자형으로 굽어 있었다. 실제 전투에서보다는 상징이나 의식용으로 쓰였을 것이다.

　망자는 그 위신을 보여주기 위해 목걸이를 하고 있었다. 홍마노 굽은옥을 펜던트처럼 걸고, 대롱옥, 유리구슬, 활석제 구슬을 엮어 여러 겹의 목걸이로 치장하였다. 망자의 허리에는 화살촉 수십여 개가 널려 있었다.

　배널리 고분의 주인공은 바다를 지키며 최남단에서 영토를 수호하는 군사시설과 관련 있는 인물이었을 것이다. 갑옷을 지닐 수 있었던 사람이라면 상당한 지위에 있었을 테다. 그는 바다를 지키다 고향으로 돌아가지 못한 채 이곳에 묻혔다. 배널리 고분의 전사들은 2022년 국립나주박물관에서 열렸던 전시 〈두 전사의 만남〉의 주인공들이다. 그들이 누구였는지 정확히 알 수는 없다. 백제와 정치적으로 밀착하여 연안항로를 유지하고 운용했던 현지 세력이었을까, 혹은 활발해진 연안항로를 통해 외부 문화와 융합했던 세력이

었을까. 한반도 서부 지역의 강자로 부상하던 백제와 서남부 마한 소국들의 동태, 그리고 그들의 선택, 바닷가 고분의 주인공이 연안 항로에서 수행했던 역할과 활동 등은 앞으로 더 연구되어야 한다.

뒷동산 무덤을 찾아온 외지인이 궁금했는지 축사 주인이 나와 있었다. 어린 시절부터 보아온 그 무덤에 애착이 많았던 노인은 내게 여러 이야기를 들려주었다. 배널리의 무덤을 함께 돌아보는 동안, 해가 지고 있었다. 하늘은 붉은 빛으로 물들고, 그 빛은 고분의 봉분 위에 부드럽게 내려앉았다. 석양의 따스한 빛은 무덤 위에 내려앉아 고분에 묻혀 있던 전사의 영혼을 위로하는 것만 같았다. 시간의 흐름이 잠시 멈춘 것처럼 느껴졌다. 고분 옆으로 펼쳐진 바다는 황금빛으로 빛났다. 자라대교를 비추는 석양이 찬란한 순간을 보여주고 있었다. 자라대교 아래를 목포에서 출발하여 하의도로 들어가는 배가 그 빛 아래 천천히 지나고 있었다. 잊히지 않는 바닷가 무덤 풍경이었다.

월드 클래스들이 신안에 다 모였다

나는 초등학교 3학년부터 6학년까지 아버지를 따라 신안군 병풍도의 초등학교를 다녔다. 태평염전 갯벌에서 자라는 함초의 풍경이 아름다운 섬 증도가 지척이었다. 신안은 내 어린 시절의 노스텔지어다. 마한을 만나면서 그 노스텔지어를 다시 만날 수 있었다. 내 노스탤지어의 땅에는 가을이면 맨드라미가 활짝 핀다. 맨드라미꽃과 함께 중요한 것은, 신안의 여러 섬에서 동시다발적으로 진행되는 세계적 거장들의 예술 프로젝트다. 섬마다 미술관들이 만들어지고 있다. 도초도에는 올라프 엘리아슨Olafur Eliasson의 대지 미술관이, 노대도에는 제임스 터렐James Turrell의 미술관이, 자은도에는 마리오 보타Mario Botta 박은선 미술관이, 신의도에는 홍성담의 동아시아 인권과 평화 미술관이 들어선다. 비금도에는 안토니 곰리Antony Gormley의 작품이 설치된다.

이 작은 섬이 어떻게 이들 월드 클래스의 거장들을 불러들일 수 있었는지는 미스터리다. 아마도 자신의 작품이 놓일 공간의 장소성, 즉 신안이 가진 매력이 가장 중요한 요인이었을 것이다. 안토니 곰리는 자신의 작품이 놓이는 곳에서 많은 사람들이 영감을 얻고 쉬어갈 수 있겠다며 흔쾌히 수락했다고 한다.

영감을 얻고 쉬어가는 공간, 그것이 바로 토포필리아다. 나에게 바닷가 무덤이 토포필리아가 되는 이유도 내 미감이 그곳과 교감하기 때문이다. 신안은 언젠가 전 세계인의 토포필리아가 될 것이다. 월드 클래스의 작품과 함께, 배널리 고분과 거기서 바라보는 석양도 많은 이들이 찾았으면 좋겠다.

2부

마한을 상상하다

마한의 문화, 인물, 유물 이야기

사라진 나라
마한을 만나다

　　　　잊힌 것들이 무대에 올랐다. 잊힌 것을 기억하고 기록하는 것이 내가 하고 싶은 일이다. 잊힌 것들을 마중하고 환대하면, 우리에게 낯선 것들이 천천히 베일을 벗고 아름다움을 드러낸다고 믿기 때문이다. 2021년 11월 나는 《잊혀진 나라 가야 여행기》를 출간하며 그 일을 시작하였고 이번에는 잊혀진 나라 '마한'이다.

　　마한에 관심을 갖게 된 계기는 2021년 6월에 시행된 '역사문화권 정비 등에 관한 특별법'이었다. 충청, 광주, 전남, 전북 지역을 중심으로 마한 시대의 유적과 유물이 남아 있는 '마한 역사문화권'이라는 용어가 새롭게 등장했다. 역사는 하루아침에 뚝딱 만들어지는 것이 아니지만 우리가 잊고 있었던 '마한의 시간'을 되새겨보게 되었다.

　　마한은 충청도, 전남·전북 일대에 존재했던 나라로, 변한, 진한

과 함께 삼한을 구성했다. 삼한 중 진한은 신라가 되고 변한은 가야가 되었다. 그러나 마한은 백제에 병합되었다. 마한의 역사는 백제의 역사에 가려 기록되지 않았다. 고구려·백제·신라의 삼국 시대를 다룬 《삼국사기》(1145)나 《삼국유사》(1281)에는 드러나지 않는다. 기록이 없으니 당연히 역사학자들의 연구도 취약할 수밖에 없었다.

안타깝게도 마한이 언제 만들어졌고 언제 소멸했는지는 문헌 자료에 남아 있지 않다. 여러 자료를 종합해 학자들은 마한의 시작을 기원전 3세기 아산만 일대에서 이루어진 일로 본다. 소멸 시점에 대해서는 백제 근초고왕에게 복속된 369년(4세기설)과 영산강 유역에 마한의 전통이 지속되던 529년(6세기설)으로 엇갈린다. 이 땅에서 마한은 700년에서 900년까지의 시간성을 가진 나라였다고 보아도 무방하다. 결코 짧지 않은 시간이다.

2부. 마한을 상상하다

역사를 이해하는 두 가지 방법은 문헌자료와 흔적자료다. 삼한, 특히 마한을 찾는 작업은 문헌자료부터 살펴보아야 한다. 다행히 중국의 역사서인 《삼국지》(280년경)나 《후한서》(445년경)에 마한이 등장한다. 마한은 어떻게 기록되어 있을까.

'한韓'은 대방의 남쪽에 있다. 동쪽과 서쪽은 바다를 경계로 하고 남쪽은 왜倭와 국경을 접하고 있는데, 종횡으로 4천 리쯤 된다. 한에는 세 종족이 있는데, 첫째는 마한이고 둘째는 진한이며 셋째는 변한이다. 진한은 옛날의 진국이다. 마한은 그 서쪽에 있다. ─《삼국지》, 위서 동이전 한조

《삼국지》의 기술을 이해하자면 마한은 지금의 경기와 충청, 전라 지역에서 성립된 연맹체다. 삼한 중 가장 세력이 컸으며 50여 개의 소국으로 구성되어 있었다. 《후한서》 기록에는 54국이 있다고 되어 있어, 학자들은 《후한서》 기록이 정확한 것으로 본다.

연맹왕국 마한 54국의 구체적 위치는 여전히 수수께끼다. 일부 역사학자들은 음운을 따라 각 나라의 위치를 추정하는, 꽤 수고스러운 작업을 하기도 한다. 《삼국지》 위서 동이전에는 50여 개의 나라 이름이 하나하나 열거되어 있다. 고고학자들은 이 지명들과 현지 유적지를 연계해 위치를 비정한다. 예를 들어 고창에 모로비리국이 있었을 것이라 추정하는 식이다.

'원양국, 모수국, 상외국, 소석색국, 대석색국, 우휴모탁국, 신분고국, 백제

국, 속로불사국, 일화국, 고탄자국, 고리국, 노람국, 월지국, 자리모로국, 소위건국, 고원국, 막로국, 비리국, 점리비국, 신흔국, 지침국, 구로국, 비미국, 감해비리국, 고포국, 치리국국, 염로국, 아림국, 사로국, 내비리국, 감해국, 만로국, 벽비리국, 구사오단국, 일리국, 불미국, 지반국, 구소국, 첩로국, 모로비리국, 신소도국, 막로국, 고랍국, 임소반국, 신운신곡, 여래비리국, 초산도비리국, 일난국, 구해국, 불운국, 불사분사국, 원지국, 건마국, 초리국'

—《삼국지》, 위서 동이전 한조

이 목록에서 눈에 띄는 이름은 '백제국'이다. 백제도 처음에는 마한의 소국으로 출발했다. 백제는 마한의 일원이지만 북방에서 남하한 고구려계 디아스포라다.《삼국사기》에는 온조가 백제를 세울 때 마한 왕의 도움을 받았다는 기록도 있다. 그렇게 후발 주자인 백제가 마한의 맹주권을 장악하며 한반도 중부의 실질적 지배 세력이 되었고, 나머지 마한의 중심국가들을 복속시켜 나갔다. 앞선 자가 뒤서고, 뒤선 자가 앞서기도 한다.

'큰 나라는 1만여 호가 되고, 작은 나라는 몇천 호밖에 되지 않는데, 전부 합치면 10만여 호나 된다. 진왕은 월지국을 다스린다.'
—《삼국지》, 위서 동이전 한조

무엇보다 궁금한 것은 마한이라는 연맹체가 어떻게 탄생했는지다. 이에 대해 역사서는 다음과 같은 흥미로운 내용을 전한다.

'후 준이 참람하게 스스로 왕이라 일컬었는데, 연나라에서 도망해온 위만에게 공격을 받아 왕위를 빼앗겼다. 준은 좌우 신하와 궁녀들을 데리고 바다로 달아나 한 땅에 살면서 스스로 한왕이라 일컬었다. 이후 왕계가 끊어졌는데 지금도 그를 받들어 제사를 지내는 자가 있다.'

―《삼국지》, 위서 동이전 한조

중국과 한반도의 커다란 정치적 지각변동으로 고조선의 준왕이 위만에게 밀려 바다 건너 한반도 남부로 이주했다는 내용이다. 중국 연나라 출신인 위만은 진·한 교체기의 혼란을 피해 고조선으로 이주해온다. 고조선 준왕은 그의 재능과 군사적 역량을 인정해 국경 지역의 방어 책임자로 임명하지만, 위만은 그 신임을 배신하고 기원전 194년경 쿠데타를 일으켜 수도 왕검성을 점령하고 스스로 왕이 된다.

준왕은 패배 후 남쪽으로 피신했고, 그의 이동이 마한 형성에 결정적 영향을 미쳤다는 것이다. 위만과 준왕은 처음에는 협력적인 주종관계였지만 시간이 흐르며 갈등과 배신으로 파국을 맞는다. 이 관계는 한반도 초기 국가 형성 과정에서 중요한 역사적 사건을 만들어냈다. 정치적 신뢰와 붕괴, 권력 투쟁을 보여주는 고대 한반도의 정치사 이야기다.

위만은 고조선의 새로운 통치 체제를 구축했지만 그 체제는 오래가지 못했다. 불과 90년이 지나지 않아 기원전 108년 한나라에 의해 멸망하고 그 자리에는 한사군이 설치된다. 한편, 준왕은 고조선 유민을 이끌고 남하하여 한반도 남부에 새로운 문화를 뿌리내렸다. 마한은 그렇게 형성되어가았다.

마한의 원류는 고조선 디아스포라

마한의 원류는 고조선에서 이주해온 사람들, 즉 고조선 디아스포라로 볼 만하다. 이들의 이동은 단순한 정착이 아니었다. 한반도 남부, 마한 지역에서 새로운 사회적, 문화적 발전을 촉진시켰다. 물론 마한은 한반도 서남부 지역에서 토착적으로 형성된 독자적인 농경사회를 이루고 있었을 것이다.

그렇다면 마한 지역에는 어떠한 변화가 만들어졌을까? 준왕과 함께 온 고조선의 정치적 유민들은 기술적으로 새로운 철기 문화를 한반도 남쪽에 확산시키는 역할을 했을 것이다. 철기 문화는 농업 생산력을 높이고 도구와 무기를 발전시켰다. 또한 준왕 세력은 고조선의 통치 경험과 정치 전통을 바탕으로 마한 소국들의 정치 조직에 영향을 미쳤을 것이다. 이러한 변화는 마한 사회의 사회적, 문화적 성장을 촉진했고, 마한이 강력한 연맹체로 발전하는 데 크게 기여했을 것이다. 토착 문화와 외래 문화가 어우러져 또 다른 새로운 마한의 문화를 만들어낸 셈이다.

마한 역사문화권은 마한에서 백제로의 역사적 전환 과정을 경험한 지역이다. 마한의 뿌리를 기반으로 하여 백제 문화가 융합된, 복합적 정체성을 지닌 곳이라 할 수 있다. 그래서 백제와 마한의 관계를 '대나무와 죽순' 또는 '동전의 양면'에 비유하는 학자도 있다. 어디까지가 마한이고, 어디서부터 백제라고 말하기 어려울 만큼 그 경계는 분명하지 않다. 확실한 것은 백제의 발전과 연동하여 마한이 변화한다는 사실이다.

그러나 백제가 4세기 근초고왕 때 군사적 확장 단계로 완전히 넘어가면서 마한은 동반성장이 아닌 병합의 대상으로 전락한다. 백제의 영역이 확장되고 고대국가로의 체제가 완성되어 갈 무렵, 마한은 백제의 직접 지배 단계까지는 이르지 않았더라도 사실상 그 세력권에 포섭되었다.

마한 54개국 가운데 가장 중심 세력은 목지국이었다. 위치에 대해서는 다양한 논쟁이 있지만 현재의 전라북도 익산이나 전주 일대로 추정된다. 이 지역은 비옥한 농경지와 발달된 하천 덕분에 농업과 무역의 중심지로 기능하며 마한 전체를 통솔하는 중심 세력으로 자리 잡았다. 마한의 각 소국은 독립성을 유지했지만, 목지국은 군사적, 정치적으로 우위를 점하며 마한의 맹주 역할을 수행했다. 그러나 3세기 후반 목지국은 백제에 흡수된다.

목지국의 멸망은 마한의 몰락과 연관되어 이후 한반도 남서부의 주도권은 백제로 넘어가게 된다. 목지국의 멸망 이후, 마한 연맹체의 중심은 한반도 남부의 영산강 유역으로 이동한 것으로 보인다. 영산강은 전남 내륙에서 서남쪽으로 흐르며 남해로 이어지는 주요 하천이다. 비옥한 평야와 풍부한 수자원 덕분에 농업이 발달했으며, 내륙과 해안을 연결하는 중요한 교통로 역할도 했다. 해양 교역과 내륙 교류가 활발했던 지역이다.

영산강 세력은 마한의 계승자로서 존재할 필요가 있었다. 이 시기를 증명해주는 것이 나주의 복암리 고분, 영암의 내동리 고분 등 대형 고분들이다. 그 고분들의 특징은 독특한 묘제인 옹관묘다. 국립나주박물관 전시실을 빛내는, 거룩한 숭고미의 아우라를 내뿜는 문제적 유물이다. 고대사회에서 무덤은 하나의 문화 집약체이며 권력과 위신을 만천하에 드러내는 상징물이다. 옹관묘를 통해 우리는 목지국의 멸망 이후에도 6세기까지 중심 세력으로 버텨온 마한을 상상할 수 있다. 옹관은 마한인들이 보내는 "나, 살아 있어!" 하는 아우성이다.

마한이 우리가 생각했던 것보다 훨씬 오래도록, 6세기까지 영산강 남부에서 세력을 유지하며 독자적인 문화를 간직해왔다는 증거다. 이 지역은 지리적, 문화적 독립성이 강하여 처음에는 마한 연맹체의 중심 세력인 목지국과 갈등하거나 독자적 세력으로 활동했을 가능성이 있다. 백제가 영산강 세력을 병합한 이후에도 이 지역의 독자적 문화는 백제 문화와 융합되면서도 고유의 특성을 일정 기간 유지했다.

사납고 용맹함,
불의에 맞서는 본능

　　　　마한은 54개국의 소국들로 이루어진 연맹체였다. 각 소국은 독립성을 유지하면서도 상호 협력하며 공존했다. 공동체 중심의 정서를 기반으로, 주변 세력과의 상생과 연대를 중시하며 사회를 운영했다. 이러한 특성은 옹관묘가 출토된 지역에서 가족을 중심으로 여러 사람이 함께 묻힌 다장의 흔적에서도 드러난다.

　공동체 중심의 삶과 연대감을 지닌 마한인들은 역설적이지만 독립성과 자율성을 중시했다. 이는 중앙집권적 국가가 아니라 소국들 간의 느슨한 연맹체였기 때문이다. 각 소국은 자체의 문화와 생활을 유지하면서도 필요할 때는 연맹체로서 결속하는 유연함을 보여주었다. 외부 세력, 특히 백제의 팽창에 강하게 저항하며 자신들만의 문화를 지키고자 했던 정서적 뿌리가 여기에 있다.《삼국지》 위서 동이전에는 이와 같은 마한인들의 성격을 다음과 같이 기록했다.

　'그들은 성격이 사납고 용맹하다.'

　마한인들을 두고 '사납고 용맹하다'는 표현이 나온다. 영산강 유역의 마한 사람들은 백제가 성장하며 마한을 병합하는 과정에서도 마지막까지 치열하게 싸우고 버티며 문화적 정체성을 고수했다. 그 근간이 되는 것이 사납고 용맹함이다. 이것은 단순한 폭력이나 반항과는 다르다. 억압과 불의에 맞서 싸우는 인간의 본능적이고 원천적인 힘이다. 고대부터 현대까지 용맹은 생존과 자치를 지키기 위해 필요한 덕목이었으며, 공동체를 보호하기 위한 중요한 요소였다. 사납고 용맹한 정신은 개인적 차원을 넘어 마한의 집단적 정서로 확대되어 백제에 저항하는 힘의 근거가 되었다.

이러한 정신은 불의와 억압에 맞선 저항으로 표출된다. 임진왜란 시기 김천일, 고경명 의병장 등 수많은 의병이 전라도 지역에서 활약했다. 동학농민운동 역시 부패한 관리와 외세의 침략에 저항하며 일어난 대규모 민중운동이었다. 일제 강점기에는 수많은 독립운동가들이 이 지역에서 배출되었고, 항일운동이 가장 치열하게 전개된 지역 중 하나였다.

사납고 용맹한 정신은 민주주의를 쟁취하고 유지하는 과정에서도 중요한 역할을 한다. 프랑스 혁명이나 미국 독립전쟁처럼, 민주주의는 억압적인 권력에 맞선 저항의 결과물인 경우가 많다. 민주주의가 폭력 대신 대화와 참여를 강조한다 하더라도, 초기 형성 과정에선 불의에 맞서는 용맹함이 반드시 필요했다.

그 대표적인 사례가 1980년 5·18 민주화운동이다. 오래전 마한이 있었던 그 땅, 광주에서 전두환 신군부의 독재와 폭압에 저항한 시민들이 있었다. 그들은 목숨을 걸고 항쟁에 나섰고, 그 항거는 대한민국 민주주의 발전의 전환점이 되었다. 군사독재에 맞선 시민들의 사납고 용맹한 저항은, 바로 마한인의 후예로서 정의를 실현한 행위였다.

지역의 항쟁사는 한반도 저항 정신의 흐름이자 민주주의 발전을 이끌어온 중요한 뿌리다. 항상 억압에 저항하고 정의와 평등을 외친 민중의 의로움을 보여준 곳, 그 정서적 뿌리는 고대 마한인들의 '사납고 용맹함'이다. 마한의 후예들은 고대부터 현대까지 역사의 전환점마다 중요한 역할을 해왔다. 고대 마한의 그 정신은 오늘날에도 여전히 우리 안에 살아 있으며, 민주주의를 지키는 영원한 불씨로 작동하고 있다. 이땅의 용맹한 죽은 자들이 산 자를 살린다.

마한 최대의 미스터리,
언제 사라졌을까

마한은 언제 사라졌을까. 마한의 멸망 시점을 두고는 크게 두 가지 시각이 존재한다. 가장 널리 알려지고 강한 영향을 미친 견해는 마한이 백제에 의해 4세기 후반에 병합되었다는 것이다. 이는 한국 실증사학의 선구자인 이병도 박사의 시각으로, 현재도 우리 역사학계의 다수설로 받아들여지고 있다. 이병도 박사는 일본의 역사서 《일본서기》의 기록을 토대로 '백제 근초고왕이 369년에 마한을 멸망시켰다'고 주장한다. 백제 근초고왕은 4세기 백제의 영토 확장을 이끈 왕으로, 외적으로는 일본 규슈에 진출하고 중국의 요동과 요서까지 공략했으며, 한반도 내에서는 마한을 정복해 전라도 해남 연안까지 진출했다고 한다.

다만 이때의 정복은 마한을 완전히 지배한 상태는 아니었다. 마한의 토착 세력 일부에게 지배를 일부 용인하면서 백제의 영향력을 강화한 수준으로 본다. 백제가 마한의 잔여 세력을 복속시키긴 했으나 중앙 관리가 파견될 정도로 완전한 행정 지배가 이뤄진 상황은 아니었던 것이다.

이에 비해 두 번째 시각은 마한이 6세기 초까지 존속했다는 주장이다. 임영진 마한연구원장은 전남대 교수로서 오랫동안 고고학 발굴에 참여해왔으며, 이 지역 고대사의 발전 과정을 지속적으로 연구해온 학자다. 그는 영산강 유역에서 6세기까지도 발굴되는 옹관묘에 주목했다. 동시에 중국의 역사서《양직공도》를 근거로 마한이 6세기 초까지 존속했다는 설을 내놓았다.《양직공도》는 6세기 중국 남북조 시대 양나라의 양 원제가 외국 사신들과 각국 풍속을 그림과 함께 간략히 기록한 책이다. 이 책에는 당시 24개국 사신의 복식과 함께 해당 국가에 대한 설명이 실려 있다. 백제 무령왕이 파견한 사신도 그중 하나이며 그 옆에는 189자의 설명이 적혀 있다.

'22담로가 있어 자체 종족이 나누어 다스렸다. 주변 속국으로 반파, 탁, 다라, 전라, 사라, 지미, 마련, 상사문, 하침라 등이 있어 부용한다.'

임영진 교수는 이 가운데 하침라, 마련, 지미가 마한의 소국들이었을 가능성에 주목했다. 사라는 신라이고, 반파, 탁, 다라는 가야의 소국들로 보이며, 하침라는 고창과 영광, 마련은 나주와 영암, 지미는 고흥과 여수 일대에 위치했을 가능성이 있다. 이 해석이 맞는다면 양에 직공이 이루어지던 521년, 6세기 초에도 마한 소국들은 여전히 존재하고 있었다는 뜻이 된다.

영산강 유역의 독자적 문화를 유지해온 정치 세력의 정체는 중요한 문제다. 그들은 6세기까지 마한 세력으로 독자적 정치체를 유지했거나, 혹은 백제에 복속되었지만 지리적으로 중심부로부터 떨어져 있었기 때문에 문화적 자율성을 유지하며 백제 세력권 안에 존재했을 가능성이 있다. 어느 쪽이 더 타당한 이야기 같으신지?

나는 다만, 6세기까지도 독자적 문화를 유지했던 이들을 다시 역사 무대로 불러내야 한다고 생각한다. 무엇보다도 확실한 것은 고고학적 물질 증거다. 5세기 전반까지 금강 하류 지역에서, 그리고 6세기 초까지 영산강 유역에서 마한의 무덤 양식인 옹관묘가 발굴되고 있다. 그렇다면 이병도 박사의 '4세기 마한 완전 병합설'은 폐기되어야 하지 않을까? 고고학이 물증으로 말하고 있다.

고대사는 본질적으로 불확실성과 불완전성의 연속이다. 확실하지 않은 것이 확실한 것보다 많다. 예컨대 백제를 건국한 온조가 도읍한 하남 위례성의 위치조차 아직 정확하지 않다. 한때는 경기도 광주시나 하남시라는 주장도 있었고, 서울의 몽촌토성을 위례성으로 보는 견해도 나왔다. 그러나 최근에는 풍납토성이 유력하다는 것이 학계의 대세다. 이런 불확실성과 불완전성 앞에 우리는 겸허해야 한다.

영산강 유역,
가장 끈질기게 마한이 존속했던 곳

영산강 유역은 마한의 문화를 가장 오래도록 간직한 곳이다. 특히 나주 반남은 그 중심지라 할 수 있다. 옹관은 백제 중앙과는 구분되는, 영산강 유역만의 독자적 문화로 자리매김했다. 옹관 어깨에 톱니 모양의 세모꼴 문양이 연속적으로 새겨진 경우가 많은데, 이는 집단의 상징과도 같아서 집단 간의 유대감을 강화하는 역할을 했을 것이다. 국가 사적으로 지정된 나주 오량동 가마터에서는 옹관을 대량 생산한 흔적으로 추정되는 가마가 77기나 발견되었다. 이곳에는 전문적으로 옹관을 만드는 장인 집단이 있었을 가능

성이 높다.

 이 지역에서 만들어진 옹관은 영산강 뱃길을 따라 주변 마한 지역에 공급되었을 것이다. 수백 년간 이어졌으니 그 역사가 장구하다. 나주 반남면을 중심으로 한 영산강 유역의 고대 사회는 지역 사회를 정치적으로 조직하는 고도의 정치체로 발전했지만, 최종적으로 백제와 같은 중앙집권적 고대국가로 성장하지는 못했다.

 반면 이 지역의 고대 사회를 독자적 정치 세력으로 보기 어렵다는 견해도 있다. 그들은 백제의 손바닥 안에서 벗어나지 못한 '백제의 지방 세력'에 불과했다는 주장이다. 이들만의 독특한 옹관묘는 지역적 문화 특성에 불과하고, 정치적으로는 근초고왕의 남정 이후 백제의 통제 아래 있었다는 것이다.

6세기 중엽이 되면 영산강 유역에서 그 많던 옹관묘가 자취를 감춘다. 대신 백제식 무덤이라 불리던 횡혈식 석실, 즉 굴식 돌방무덤이 등장한다. 옹관의 소멸은 이 지역이 완전히 백제 영역에 흡수되었음을 의미한다. 이제 옹관은 규제되고 횡혈식 석실이라는 새로운 묘제가 지배한다. 모든 것은 밀려드는 새로운 문화의 물결 앞에서 소멸된다.

　그럼에도 영산강 유역의 세력이 독자적 문화를 오래도록 유지할 수 있었던 저력은 무엇일까? 이 지역은 이미 선사 시대부터 2만 기가 넘는 고인돌이 존재했던 곳이다. 그만큼 오래된 정치 사회적 세력이 자리 잡은 곳이었다. 그 배경에는 면면히 흐르는 강이 있었다. 바로 영산강이다. 풍부한 수량과 비옥한 농지는 경제적 풍요의 기반이 되었고, 대외 교류 중심지는 외부와의 연결 통로가 되었다.

　백제가 남하하면서 마한의 중심지는 점차 남쪽으로 밀려났다. 목지국에서 건마국으로, 건마국에서 신미제국으로. 충청도에서 금강 이남으로, 다시 영산강 유역으로. 백제가 금강 유역으로 진출하면서 마한 세력은 더욱 남하하여 영산강 유역으로 내려왔다. 그렇게 마한은 역사에서 사라지고 백제가 그 자리를 대신하게 되었다.

　우리는 살아가면서 자신의 역사적 정체성을 정확히 인식할 필요가 있다. 한 지역의 정체성은 단순히 '마한이냐, 백제냐'로 나눌 수 없다. 오랜 세월에 걸쳐 마한, 백제, 신라, 고려, 조선으로 이어지는 복합적인 역사 경험을 지녔기 때문이다. 그러나 그 시원이 어디인지를 아는 것은 중요하다.

이 땅의 사람들은 자신을 백제의 후예로 알고 살아왔지만 사실 이곳은 기원전 3세기부터 기원후 6세기까지, 무려 800년을 마한으로 살아온 지역이다. 그리고 그 후 100년여를 백제로 살아왔다. 800년의 마한이 뿌리이고 나머지 100년의 백제는 덤이다.

누가 마한을 묻거든
옹관을 보게 하라

　　　　　마한을 떠올릴 때 우리는 무엇을 기억하는가. 이미지는 곧 메시지다. 이미지에는 사회적 맥락과 문화적 코드가 숨어 있다. 언어적 설명 없이도 보는 이로 하여금 특정한 감정이나 사유를 불러일으키는 힘이 있다. 그렇다면 마한의 이미지는 무엇이어야 할까. 나는 '옹관'이라고 생각한다. 옹관은 영산강 유역을 중심으로 한 마지막 마한 사회를 상징하는 대표 유물이기 때문이다. 어머니의 자궁을 닮은 항아리를 본 적 있는가. 국립나주박물관으로 가보라. 세상 어디에서도 보기 힘든, 강렬한 시각적 충격을 주는 옹관이 당신을 기다리고 있다. 고대의 숨결을 담은 거대한 항아리가 영원의 시간을 품고 있다.

　전시실 한가운데 덩그러니 놓인 옹관들의 행렬은 시각적으로도 압도적이다. 항아리, 독, 옹기, 무엇이라 불러도 좋다. 다만 이들은 단순히 집에서 음식을 담기 위해 쓰는 독이 아니라 죽은 이를 안치하는 데 쓰였던 특별한 항아리다. 그래서 우리는 이것을 '옹관'이라 부르고 한글로는 '독널'이라 부른다. 영산강 유역 마한 지역에서는 6세기까지 이 옹관을 이용한 매장이 지속되었다. 이곳은 우리나라 옹관 고분 문화권의 중심지다.

국립나주박물관의 주인공은 화려한 금동관이 아니라 소박한 옹관이다. 이 박물관의 건물 모양새와 선, 색채마저도 옹관을 모티프로 설계되었다고 한다. 박물관의 외형 자체가 옹관의 상징성을 담고 있는 셈이다. 국립나주박물관을 다녀오고도 옹관을 떠올리지 못한다면 그 방문은 헛된 것이리라.

영산강 유역의 신비, 옹관

망자를 묻을 때 옹관을 사용하는 풍습은 1970년대까지도 우리나라 일부 지역에 남아 있었다. 그만큼 유래가 깊은 매장 문화다. 특히 어린아이가 세상을 떠났을 때 항아리에 담아 안치하는 풍습이 있었다. 옹관묘는 신석기 시대에 처음 등장했고 청동기 시대에 이르러 본격적으로 사용되기 시작했다. 영산강 유역에서는 3세기경부터 제작되기 시작해 5세기에 전성기를 구가한다.

중국, 일본, 베트남에서도 옹관은 사용되었다. 일본 규슈 후쿠오카의 국립규슈박물관이나 사가현의 요시노가리 역사공원에서도 옹관을 만날 수 있으며, 베트남 하노이의 베트남국립박물관에도 옹관이 전시되어 있다. 우리나라에서도 옹관을 사용한 지역이 있다. 동아시아 사회 전반에 걸쳐 옹관은 공통된 장례 풍습이자 지역별로 특색을 지닌 매장 문화의 일부였다.

그렇다면 영산강 마한 지역의 옹관 무덤이 특별히 주목받는 이유는 무엇일까? 이곳에서 출토된 옹관은 크기에서부터 압도적이다. 다른 지역에서는 보기 힘든 '넘사벽' 크기를 자랑한다. 일반적으로 광주 신창동 유적에서 출토된 옹관처럼, 두 옹관을 연결한 길이가 50~130센티미터 정도로 주로 어린아이의 매장에 사용되었을 것으로 보인다. 하지만 3세기에서 6세기경 영산강 유역에서 발견된 옹관은 큰 것은 몸체 길이만 3미터가 넘고 무게도 1.4톤을 초과한다.

마한 사람들은 어른뿐 아니라 지위가 높은 수장급 인물도 이 거대한 항아리에 묻었다. 금동관이나 금동신발 등과 함께 출토된 사례도 적지 않다. 나주 반남 고분군의 신촌리 9호분 주인공 역시 금동관과 함께 옹관에 안치되어 있었다. 항아리의 형태는 초기에는 일상의 항아리와 비슷했지만 점차 U자형 전형 옹관으로 발전한다. 그렇게 완성된 옹관은 품질에서도, 예술성에서도 매우 높은 수준을 자랑한다. 장인정신이 깃든 옹관이다.

그 크기와 정교함, 껴묻거리의 수준을 종합적으로 고려할 때 옹관은 단순한 장례도구가 아니라 특정 정치 세력의 위상을 반영하는 대표적 유물임에 틀림없다. 그 정치 세력의 정체를 두고는 아직 논쟁이 이어지고 있다. 일부는 백제와 연결된 지방 토착 세력으로 보기도 하고, 또 다른 일부는 독자적 정치 체계를 유지하던 마한의 마지막 세력으로 해석한다.

어떻게 만들었을까,
현대 도예가와의 대화

　　　　길이 3미터가 넘고 무게가 1.4톤에 달하는 옹관을 과연 당시의 기술로 만들 수 있었을까. 그렇게 큰 항아리를 어떻게 운반하고 어떻게 가마에 넣어 구웠을까. 옹관은 800도에서 900도 정도의, 다른 토기보다 낮은 온도에서 굽는다. 옹기는 기후와 지형적 차이에 의해 곡선의 조형미가 달라지고 태토와 유약에 따라 색이 달라진다. 목포대 박물관에서 본 크림색의 옹관은 그 색의 오묘함이 현대 도예의 미감을 떠올리게 했다.

　큰 옹관은 현대기술로도 복원이 쉽지 않다고 한다. 말리는 것과 굽는 것이 쉽지 않아 현재도 실험 중이다. 그 거대한 옹관을 실제로 어떻게 만들었는지 궁금해져, 무안에서 도자기를 굽는 도예가 한갑수 작가에게 물었다.

　"작가님. 목포대 박물관에서 옹관 보셨죠? 처음 보셨을 때 어떤 느낌이 드셨는지요?"

　: 제가 옹관을 처음 봤을 때의 느낌은 놀라움 뒤에 곧바로 두려움이 따라 붙었습니다. 도대체? 어떻게? 그 당시에? 이게 가능해? 이것은 유물이 아니라 현대미술인가? 흙과 불에 기대어 산 사람의 눈으로 봤을 때는 과학이었습니다. 모르기 때문에 가능했을까? 어떤 정치권력 같은 외부의 강압적인 힘 때문이었을까? 아니면 주술적인 염원의 힘이었을까?

기술이 발달한 현대를 사는 도공의 눈으로 봤을 때도 마한 시대 옹관의 제작은 쉽지 않아 보이는 작업이라는 결론이었다. 그러나 옹관이 있었던 것은 부인할 수 없는 사실이니, 그가 느끼는 상상을 물었다.

"그렇다면 과연 어떻게 만들고 구웠을까요?"
: 저는 먼저 옹관의 두께에 감탄했어요. 분명 가마에 들어가기에는 두꺼워 깨질 확률이 훨씬 높아지는데 그 선을 넘지 않은 마지노선 두께를 유지하고 있다는 것. 그 마지노선 두께가 거대한 옹관을 무너지지 않고 버티게 하고 있어요.

그러나 그는 조물주의 능력을 가진 도공의 존재를 믿기보다는 시행착오를 통해 스스로 터득해낸 기술의 축적을 믿고 있었다.

: 이 두께를 눈치 채고 터득해 능수능란하게 사용했다는 것은 시행착오가 없고서는 불가능한 일이었다고 봅니다. 그리고 이쪽의 모래가 섞인 흙도 큰 역할을 했을 것 같아요. 저희가 작업할 때도 모래가 섞이면 깨질 확률이 훨씬 줄어들거든요.

"그렇다면 성형은 어떻게 했을까요?"
: 옹관을 마주한 순간 옹기와 비슷하게 가래떡 같은 흙테를 쌓아 올려 만들었겠구나, 라는 생각이 먼저 들었어요. 그렇다고 테를 쌓아 올려 저 길이

를? 무게를 버틸 수 있었을까? 한 번에 쌓아 올리는 것은 쉽게 납득이 안 되는 일이고, 지금처럼 숯을 매달아 말려가면서 했다고 보기에도 어렵고, 또한 길이 때문에 위아래의 건조 시간이 어느 정도 맞아야 깨지지 않을 테니, 달항아리처럼 부분 부분을 나누어 만들고 붙이지 않았을까? 라는 생각도 들었습니다.

시행착오를 통해 성형의 방법을 터득했다고 하자. 이제 문제는 굽는 과정이다. 3미터나 되는 옹관을 담을 만한 거대한 가마가 필요하다. 다행히 나주 근처에는 오량동 가마터가 남아 있다. 실제 장인들 사이에서는 옹관을 구울 때 '지붕을 뜯고 구웠을 것'이라고 추정하기도 한다. 대나무에 진흙을 바른 지붕 뚜껑을 만들어 덮고, 굽는 과정을 마친 뒤 지붕을 들어내는 방식이다.

그 방식에 대해 한갑수 작가에게 다시 물었다.

"저 큰 옹관을 어떻게 구웠을까요?"
: 지금이야 완성된 큰 작품을 놓고 그 위에 가마를 지어 굽기도 한다지만, 제 생각으로는 높이가 있으니 통으로 된 가마로 굽지 않았을까 싶습니다. 노천에 구덩이를 파고–네팔이나 지금의 동남아시아 쪽에서 활용되고 있는– 구울 수도 있겠고요. 옹관이 지금의 자기처럼 높은 온도에서 구워진 것이 아니니 가능할 수도 있어요.

그리고 한갑수 작가는 마지막 말을 덧붙였다.

: 이미 조상님들은 흙을 충분히 이해하고 있었다고밖에요.

그의 말을 듣고 나는 속으로 외쳤다.
'조상님들 만세! 오량동 만세! 영산강 옹관 만세!'

왜 항아리를 사용했을까

청자나 백자 같은 자기가 귀한 사람들만의 것이었다면, 옹기는 우리 선조들의 일상 속에서 언제나 가까이 있었다. 장독대, 부엌, 곳간 등지에서 음식물을 보관하거나 발효시키는 용도로 사용되었고, 신앙용, 의료용, 악기 등으로도 다양하게 쓰였다. 옹기는 서민의 삶과 가장 가까운 생활용기였다.

이제 다시 옹관을 쓴 본질적인 이유를 생각해보자. 주로 생활용품으로 쓰였던 항아리가 왜 시신을 매장하는 도구로 사용되었을까. 고고학자 강인욱 교수는 신문에 기고한 에세이에서 항아리의 외관이 '태아를 품은 자궁'을 연상시키기 때문에 옹관이 선택되었다고 말한다. 형태의 상징성에 주목한 것이다.

역사적 상상력을 발휘해보자. 항아리 안에 누워 있는 망자의 모습을 떠올려보라. 그 모습이 마치 어머니의 품에 안긴 것처럼 보인다. 무덤에는 이승의 삶이 끝난 뒤, 저승에서 더 평안하고 행복한 삶을 이어가기를 바라는 염원이 담겨 있다. 그렇게 무덤은 제2의 자궁이자 다시 태어나는 곳이 된다.

이런 까닭에 세계 곳곳에서 독무덤은 주로 어린아이를 위한 무덤으로 사용되었다. 근대 의학이 발달하기 전에는 전염병이나 질병에 취약했기에 유아 사망률이 매우 높았다. 그렇다고 자식에 대한 사랑이 달랐겠는가. 세상의 빛도 채 보지 못한 채 떠난 아이에 대한 미안함, 어머니의 품으로 다시 돌아가라는 염원을 담아 독무덤을 쓴 것이다.

두 번째 이유는 항아리의 형상이 '알'을 닮았기 때문이다. 특히 전용 옹관 중 U자형으로 결합된 것들은 특히 알을 연상시킨다. 항아리 형태가 재생과 부활을 상징한다. 망자가 옹관에 들어가면, 알 속에 들어가 다시 부활하는 것이다.

세 번째는 기능적 이유다. 나무로 만든 관은 시간이 지나면 썩고, 그 안의 시신은 훼손되기 쉽다. 반면 항아리는 비교적 장기 보존이 가능하다. 특히 영산강 유역에서는 추가장의 풍습이 있었다. 부모를 묻은 무덤에 세월이 흐른 뒤 자식 세대를 추가로 묻는 방식이다. 이러한 추가장은 여러 세대를 반복해 계속된다. 복암리 고분군처럼 무려 400년 동안 같은 무덤이 이어지기도 했다. 매번 무덤을 들춰내는 과정에서 목관이 부식되는 상황을 목격했을 테고, 보다 안전하게 시신을 보존할 수 있는 관을 찾게 되었을 것이다. 항아리는 그런 실용적 대안이었고, 실제로 기능적 장점도 탁월했다.

예로부터 항아리는 '숨 쉬는 그릇'으로 알려져 왔다. 찰흙 속의 미세한 모래 알갱이들은 그릇 표면에 보이지 않는 공기구멍을 만들

상상으로 재현해본 옹관의 제작 및 운송 과정

고 이를 통해 내부와 외부의 공기가 통하게 된다. 덕분에 음식물이 잘 익고, 오랫동안 상하지 않는다. 지금도 옹기에 쌀이나 보리, 씨앗을 보관하면 이듬해까지 썩지 않고 보존된다.

결국 항아리를 관으로 사용한 이유는 세 가지 중 하나였거나, 모두였을 것이다. 하나는 상징적 의미(자궁 또는 알), 다른 하나는 실용적 기능성, 마지막은 무엇보다 옹관이 갖는 정서적·미학적 감성이다. 영산강 유역의 마한 사회는 이 항아리를 과시적이지 않으면서도 단순한 아름다움을 담은 '장례의 그릇'으로 받아들였다. 소박한 형태와 질박한 재료 속에 삶과 죽음, 탄생과 부활, 그리고 하늘로 향하는 마지막 길을 함께하는 믿음을 담았을 것이다.

숨 쉬는 옹기와 삭힌 맛 홍어

우리가 사용하는 그릇 중 옹기만큼 자연에 가까운 그릇도 드물다. 야산에서 얻은 찰흙에 나뭇잎이 썩어 만들어진 부엽토와 재를 섞어 만든 잿물을 입혀 구워낸다. 유약을 거의 사용하지 않아 인체에 해가 없고, 단단하여 조심스럽게 다루면 백 년 이상 사용할 수 있다. 옹기는 세계 어디에서도 보기 어려운, 자연과 함께 숨 쉬는 항아리다. 옹기가 없었다면 아마도 김치 같은 발효식품도 만들어지지 못했을 것이다.

'옹관이 부식을 막을 수 있다'는 생각에 이르자 나는 이 지역에서 유명한 음식 한 가지를 떠올렸다. 바로 홍어다. 지금도 나주의 영산포에는 '홍어 거리'가 있다. 홍어의 유래는 흑산도 인근 영산도 사람들이 영산포로 피난 오면서 시작되었다고 한다. 흑산도에서 영산포까지 뱃길로 약 보름이 걸리던 시절, 배에 실은 생선 대부분은 부패하기 마련이었다. 하지만 이 어려운 바다 여행 끝에 살아남은 것이 있었으니 바로 항아리 속에 담긴 홍어다.

삭힌 홍어의 맛은 이렇게 시작되었다. 먹어도 탈이 나지 않았다. 웬걸? 먹을수록 알싸한 풍미가 입안에 감돌았다. 냉장 시설이 없던 시절, 사람들은 홍어를 항아리에 넣어 저온에서 숙성시키는 조리법을 만들어냈다. 봄철 항아리 안에 짚을 깔고 홍어를 얹어 푸욱 삭혀낸다.

이 홍어는 맛도 맛이지만 약처럼 효용이 있다. 조선 시대 정약전은 《자산어보》에서 '배가 아픈 사람은 삭힌 홍어로 국을 끓여 먹으면 더러운 것이 제거된다'고 했고, '술기운을 없애는 데 매우 효과가 있다'고도 했다. 삭힌 홍어는 그야말로 맛의 혁명이자 삭힘의 미학을 알려주는 음식이다. 그리고 그 미학을 가능하게 한 것이 바로 이 지역 마한에서 전해져 내려온 항아리다.

'홍어 없는 잔치는 잔치가 아니다'라는 말이 전해올 정도로 숙성 홍어는 남도의 대표 음식이다. 그런데 '홍어 족속'이라는 말이 인터넷상에서 남도를 비하하는 표현으로 사용되는 것은 정말 안타깝다. 이는 전통 항아리의 우수성과 그 미학을 이해하지 못한, 편견에 가득 찬 반문화적·비인권적 언어일 뿐이다. 부끄러워해야 할 일이다.

옹관의 메시지는 포용성과 부활

옹관은 고대 영산강 유역 사람들의 삶을 상징하는 유물이며 마한 문화를 대표하는 시그니처다. 동시에 옹관은 아시아 여러 나라들과의 문화적 대화를 가능케 하는 소중한 문화 자산이기도 하다. 왜냐하면 옹관은 한국뿐만 아니라 중국, 일본, 베트남, 태국 등 동아시아와 동남아시아 전역에서 오랫동안 사용되어왔기 때문이다.

일본 규슈의 신석기 유적지 요시노가리 역사공원을 찾았을 때, 나는 '북내곽'에서 '북분구묘'로 이어지는 길목에서 작은 옹관들을 마주했다. 지면 위에 노출된 형태로 전시된 옹관들이 그대로 보존되어 있었다. 수장급들의 옹관은 사다리꼴의 제단 모양의 봉분이 재현된 북분구묘에서 다시 볼 수 있었다. 그곳에서는 수장급 옹관 14개가 발굴되었는데 그 흔적을 고스란히 보존하고 있었다.

낯선 일본 땅에서 마주한 옹관이 전혀 낯설지 않았다. 한 남성의 유해가 옹관 안에 무릎을 굽히고 웅크린 자세로 안치되어 있었다. 무릎을 가슴 쪽으로 끌어당기고, 두 팔은 몸통에 밀착시킨 태아 같은 모습이었다. 죽은 자의 모습이 태어날 때의 모습과 닮아 있었다. 이는 어쩌면 죽음을 새로운 삶의 시작으로 보는 세계관의 반영일지도 모른다. 생명과 죽음의 순환을 상징하는 시각 말이다.

이 글의 서두에서 나는 '이미지는 메시지'이며 '마한의 이미지는 옹관이 되어야 한다'고 말했다. 그렇다면 옹관이 우리에게 던지는 메시지는 무엇일까. 나는 '포용'과 '부활'이라고 생각한다. 마한의 옹관은 두 개의 대형 항아리를 맞붙여 시신을 감싸는 형태를 하고 있다. 어머니의 자궁이 생명을 품듯, 죽은 이를 따뜻하게 안아주는 구조다. 이는 공동체의 일원으로 삶을 마친 이들을 마지막까지 포용하고자 했던 마한 사람들의 마음을 반영한다. 옹관의 붉은색과 알을 닮은 형태는 부활을 상징한다. 생명과 죽음이 순환하는 마한 사람들의 세계관을 반영한다. 이 모든 것이 옹관이라는 이미지에 스며 있다. 포용과 부활이라는 이 메시지는 마한이 시대를 넘어 오늘의 우리에게도 던지는 메시지다.

아파트형 고분,
마한이 함께 살아가는 법

프랑스 파리에는 가장 격조 있는 공원묘지로 알려진 페르 라셰즈 묘지Cimetière du Père-Lachaise가 있다. 소설가 발자크, 피아니스트 쇼팽, 화가 모딜리아니 등 유명 인사들이 다수 묻혀 있으며, 가족 단위로 여러 세대가 함께 안치된 가족 묘지도 여럿 존재한다. 3~5세대 가족 구성원의 유해를 함께 안치할 수 있도록 설계된 이 묘지는 가문과 가족의 역사를 상징하며, 이를 통해 가문 전체를 기리는 전통을 보여준다. 이러한 전통은 마한에서도 발견된다. 세계사적으로 가장 독특하고도 극적인 가족묘 공간, 바로 '아파트형 고분'이라 불리는 나주 복암리 고분이다.

나주의 마한 고분들은 영산강을 사이에 두고 강북과 강남으로 나뉜다. 복암리 고분은 들판을 중심으로 강북 지역에 자리하며 반남 고분군은 국립나주박물관을 중심으로 강남 지역을 아우른다. 두 지역은 문화 양상에서도 차이를 보여 강북은 외래 문화를 적극적으로 수용하는 반면, 강남은 전통 문화를 고수하는 경향이 강하다.

강북의 대표 유적인 복암리 고분은 새로운 문화 수용의 상징이라 할 수 있다. 들판의 논밭 사이로 4기의 고분이 우뚝 서 있는 이곳은 안동 권씨의 선산이었기에 도굴되지 않고 잘 보존될 수 있었다. 인근 복암리 고분전시관에는 복암리 3호분의 실물 크기 모형이 전시되어 있으며 1998년 발굴 당시의 모습을 그대로 재현하고 있다. 총 41개의 무덤방이 복잡하게 얽혀 있는 모습이 '아파트형 고분'이라는 세계사적으로 가장 독특한 가족묘의 현장을 생생하게 보여준다.

실물 모형으로 구현된 복암리 3호분의 세계

　　　　1:1 실물 크기로 재현된 복암리 3호분의 내부로 들어서면 아파트형 무덤이라는 표현이 어떤 의미인지 절로 느껴진다. 전시관의 조명은 그림자와 빛의 대비를 통해 무덤의 깊이와 구조적 복잡성을 부각시켜 관람객이 고대 무덤을 직접 탐험하는 듯한 몰입감을 선사한다. 단순히 유물을 전시하는 데 그치지 않고 유물이 발견된 공간과 맥락까지 함께 보여주는 이러한 방식은 당시의 역사와 삶을 더욱 입체적으로 이해하는 데 큰 도움이 된다.

　이와 유사한 방식은 경상북도 고령의 대가야왕릉전시관에서도 볼 수 있다. 이곳은 대가야의 순장 무덤을 실물 모형으로 재현해, 무덤의 주인공을 둘러싼 30여 명의 순장이 이루어진 무덤 구조를 보여준다. 그 시각적 충격이 만만치 않았지만, 대가야인의 내세관을 직관적으로 체감할 수 있었다.

　복암리 3호분은 한 변이 최대 42미터에 이르는 네모꼴 형태다. 내부에는 목관묘, 옹관묘, 굴식 돌방무덤 등 당시의 모든 무덤 양식이 총 41기 확인되었다. 이 고분은 3세기부터 7세기까지 무려 400여 년 동안 계승되며 하나의 무덤 공간으로 유지되었다는 점에서 매우 경이롭다.

　전시관에서는 무덤방들을 연결하는 데크를 설치해 관람객이 직접 걸으며 각 무덤 안을 들여다볼 수 있도록 해두었다. 관람 동선에 따라 400여 년 동안 축적된 다양한 무덤 구조를 자연스럽게 탐험하게 된다. 최하층에는 3세기 마한의 옹관묘가, 최상층에는 7세기 백제의 돌방무덤이 자리하고 있다.

특히 주목할 만한 공간은 '96석실'이라 불리는 무덤이다. 이 방에는 백제의 돌방무덤 형식 안에 대형 옹관 4기가 배치되어 있다. 돌방무덤은 외래 문화, 옹관은 마한 고유의 문화 양식이다. 문화적으로 개방적이고 외부 문화를 수용하는 데 적극적이었던 복암리 세력들이라, 외래 문화인 돌방무덤 형식을 수용한 것이다. 마한이 4세기 중반 멸망했다면 이러한 양식의 결합은 불가능했을 것이다. 부장품으로는 금동신발과 고리자루칼 외에도 대가야 토기, 일본 토기가 출토되어 이 무덤이 백제, 가야, 일본 문화를 아우르는 복합적 성격을 지녔음을 보여준다. 이는 6세기 초 복암리 마한 세력의 개방성과 창조성을 짐작할 수 있는 대목이다. 이후 마한은 점차 역사 속에서 사라지고 이 지역은 백제의 영향권으로 편입되면서 고분 양식도 백제의 무덤방 형식으로 통일되어 백제가 신라에 흡수되는 7세기까지 이어진다.

아파트형 고분이라 불리는 이유

복암리 3호분은 '아파트형 고분'으로 불린다. 재미있는 이름이다. 하나의 봉분 안에 여러 개의 매장 시설이 층층이 밀집되어 있는 독특한 형태이다. 만들어진 순서에 따라 차곡차곡 쌓여 있는 모양새가 여러 층으로 된 현대의 아파트를 연상시켜 '아파트형'이라는 이름이 붙었다.

실제로 400년 동안 축적된 41기의 매장 시설이 3층 구조를 이루고 있다. 여러 사람이 묻힌 공동체적 무덤, 마한 특유의 장례 문화다. 한 공간에 세대를 달리한 이들이 추가로 묻히는 추가장은 이 지역의 강한 가족애와 공동체성을 반영한다. 96석실에서는 한 매장실 안에 4개의 옹관이, 어떤 옹관에서는 6구의 인골이 발견되기도 했다. DNA 분석 결과 그중 2인의 인골은 모계가 같은 친족으로 밝혀졌다.

프랑스의 가족묘 전통과 비교해보면 페르 라셰즈 묘지의 가족묘는 일반적으로 3~4세대, 약 100년을 이어가는 형태다. 작은 예배당

이나 석조 건축물로 조성된다. 반면 복암리의 아파트형 고분은 약 400년 동안 이어졌고 한 변이 42미터, 높이 6미터에 이르는 규모를 자랑한다. 페르 라셰즈의 가족묘와 비교가 안 될 정도로 크다. 세계적으로 유례가 없는 공간이다.

이런 고분이 가능했던 배경에는 농경 사회의 특성이 있었을 것이다. 넓은 들판은 농사로 풍요로운 지역이었고, 농업은 협력이 필요한 일이기에 공동체적 생활방식이 자리 잡았을 가능성이 크다. 타 지역에 비해 혈연공동체 의식이 유달리 강했다고도 볼 수 있다. 이 지역의 강한 공동체성은 가옥 구조에서도 확인된다. 《삼국지》위서 동이전은 다음과 같이 전한다.

'사는 집은 풀로 지붕을 이고 흙으로 방을 만들어 그 모양이 마치 무덤과 같으며, 입구는 위쪽에 있다. 온 집안 식구가 모두 그 속에서 함께 생활하며 어른과 어린이, 남자와 여자의 구별이 없다.'

무덤에서도 가옥에서도 마한 사람들은 함께 어울려 살았다. 강남인 나주의 반남 고분에서도 이런 공동체성의 흔적이 보인다. 금동관이 출토된 신촌리 9호분에서는 여러 옹관이 함께 묻혀 있었는데, 이는 가족이나 친밀한 공동체가 한 무덤 안에 함께 안치되었음을 뜻한다. 가족 공동체 사이였다면 1세대가 묻힌 후 다음 세대가 함께 묻힌다.

혈연과 공동체 중심의 매장 문화는 마한인들에게 흐르는 DNA였다. 하나의 아파트에 여러 가족이 함께 거주하듯, 마한의 무덤은 여러 사람의 '영혼의 집' 역할을 했다. 동일한 무덤 안에 여러 명이 매장되었다는 것은 장례 의식이 반복적으로 이루어졌음을 의미한다. 집단적이고 의도된 장례 의식을 통해 공동체의 정체성이 더욱 공고해졌을 것이다. 복암리 3호분은 이러한 문화적 원형을 잘 보여주는 사례다.

죽음 이후에도 이어지는 따뜻한 가족애를 느끼고 싶다면 아파트형 고분이 있는 복암리 고분전시관으로 향해보자. 들여다보고 싶은 무덤 안의 세계가 그곳에 펼쳐져 있다. 한 봉분 아래 세월이 쌓여 부모와 자식이 함께 잠들어 있다. 돌방의 어둠과 고요한 숨결 속에 삶의 흔적이 고스란히 남아 한 지붕 아래 모인 영혼들이 시간을 넘어 손을 맞잡고 있다.

아파트형 고분, 그 속에는 가족의 사랑과 유대의 힘이 담겨 있다. 죽음조차 갈라놓지 못한 영원한 가족의 이야기가 거기에 있다. 삶 너머의 죽음의 세계, 외롭지 않아 좋을 것 같다.

장고분은
죄가 없다

오래된 것이 새롭게 발견되면 기뻐할 일이다. 우리가 미처 알지 못했던 과거의 역사를 말해주기 때문이다. 그러나 마주하고 싶지 않은 진실을 품은 유물이라면 어떨까. 그때는 마냥 기뻐할 수만은 없을 것이다. 1990년대 옛 마한 지역에서 발견된 '장고분長鼓墳'이라는 무덤의 존재가 그러했다. 한일 고대사에 있어 판도라의 상자가 될 수도 있는 발견이었기 때문이다.

장고분은 광주와 전남 영산강 유역에서 5세기 말부터 6세기 중엽 사이에 조성된, 우리의 전통 악기 장고처럼 생긴 무덤을 말한다. 함평의 신덕 고분, 광주의 명화동과 월계동 고분, 영암의 자라봉 고분, 해남의 장고봉 고분 등 지금까지 15기가 확인되었다. 특이한 점은 마한의 핵심 지역인 나주 반남의 외곽 지역에 산재해 있다는 것이다.

　이 무덤이 자칫 '판도라의 상자'가 될 수 있었다고 말하는 이유는 장고분의 형식이 일본 고분 시대의 무덤과 닮았기 때문이다. 고분 시대는 3세기 중반부터 7세기까지 이어졌으며 이 시기 일본에는 거대한 무덤인 고분의 축조가 활발히 이루어졌다. 특히 한쪽은 사각형, 다른 한쪽은 원형으로 구성된 전방후원분이라는 독특한 형태가 만들어졌고, 무덤 주변에는 흙으로 만든 원통형 혹은 사람, 동물의 형상을 한 하니와를 배치했다. 그런데 장고분이 바로 이 전방후원분을 닮았고, 무덤 주변에서 출토된 원통형 토기 역시 일본의 하니와와 유사한 양식을 보였던 것이다.

신덕 고분의 때늦은 발굴

일본인들은 오래전부터 고대 일본(왜)이 한반도 남부를 점령해 식민지로 삼았다고 주장해왔다. 그들은 '신공황후 삼한 정벌설'과 '임나일본부설'을 신봉해왔다. '신공황후 삼한 정벌설'은 일본 역사책 《일본서기》에 근거를 둔다. 이 책은 4세기경 일본의 신공황후가 신탁을 받아 한반도의 신라를 비롯한 삼한 지역을 정벌했다는 내용을 담고 있다. '임나일본부설'은 일본 야마토 정권이 4세기부터 6세기까지 한반도 남부의 임나에 '일본부'라는 통치 기구를 설치해 지배했다는 주장이다.

하지만 《일본서기》의 이러한 기록은 후대의 정치적 목적에 따라 왜곡된 것으로, 역사적 사실로 인정받지 못하고 있다. 문제는 일본이 조선을 침략할 당시 이 주장을 명분 삼아 역사를 왜곡하는 데 이용했다는 점이다. 일제 강점기 일본 학자들이 나주의 신촌리 고분, 함안의 말이산 고분 등 한반도 남부를 샅샅이 조사하고 다닌 것도 이 '한반도 남부 지배설'의 증거를 찾기 위해서였다.

한일 고대사는 한국와 일본 역사학계의 최전선이었다. 역사 해석의 차이, 민족적 감정, 정치적 이해관계가 복잡하게 얽힌 문제로, 양국의 학계와 여론은 이 문제에 대해서만큼은 늘 민감하게 반응해왔다. 그런데 일본의 전방후원분을 닮은 장고분이 한반도 남쪽, 그것도 마한의 중심지인 영산강 유역에서 발견되었으니 그 전개 양상에 긴장감이 돌지 않을 수 없었던 것이다.

한국이 장고분을 어떻게 받아들였는지는 함평 예덕리 신덕 고분의 발굴 과정이 여실히 보여준다. 신덕 고분은 우리나라에서 일본 전방후원분을 닮은 무덤의 존재를 세상에 처음 알린 고분이었다. 그때가 1984년이다. 그러나 무덤은 무려 7년 동안 바로 발굴되지 못하고 있었다.

그러던 중 1991년 국립광주박물관 조사팀이 현장 측량 중 도굴 흔적을 발견하면서 고분은 다시 세상의 이목을 끌게 된다. 그러나 이미 늦었다. 무덤은 도굴된 상태였고 돌방 벽은 훼손되었으며 바닥에 있던 유물은 밟혀 부스러져 있었다. 한바탕 난리가 났다. 이 사건을 보고받은 당시 문화부 장관은 검찰총장에게 직접 전화를 걸어 긴급 수사를 요청했다. 언론을 통해 긴박하게 돌아가는 상황을 접한 도굴범들은 겁을 먹고, 결국 훔친 유물을 담은 상자를 국립중앙박물관 앞에 놓고 도망쳤다. 우여곡절 끝에 1993년 도굴범들은 체포되었다.

결론만 놓고 보면 도굴품을 찾았고 범인도 잡혔다. 어리석은 도둑들의 어처구니없는 결말로 마무리된 듯하지만 자세히 들여다보면 결코 단순한 사건이 아니다. 보물이 가득 찬 무덤을 파헤친 도굴범들이 유물을 '전부' 돌려주었을 리 만무하다. 오히려 값나가는 유물은 이미 골동품상에 팔아치우고 그다지 가치가 없어 보이는 것들만 돌려줬을 가능성이 훨씬 크다.

무엇보다 근본적인 문제는 7년 동안 고분이 발굴되지 않고 방치되었다는 점이다. 그 사이 무덤은 도굴범들의 먹잇감이 되었고 문화재는 돌이킬 수 없는 훼손을 입었다. 그렇게 신덕 고분은 1991년에 이르러서야 본격적인 발굴이 시작되었다. 그러나 발굴 후 즉시 나왔어야 할 발굴보고서는 무려 30년이 지난 2021년에야 세상에 공개되었다. 이 일련의 과정은 장고분이라는 유물 앞에서 한국 사학계가 느꼈던 두려움과 회피, 혼란을 고스란히 드러내준다.

《아사히신문》이 명화동 발굴을 대서특필한 이유

일본은 한반도 남부 지역에서 일본식 유물이나 전방후원분이 발견되지 않을까 예의주시하고 있었던 모양이다. 그러던 중 1994년 5월, 광주 광산구 명화동에서 장고형 고분이 발견되었다. 일본 입장에서는 전방후원분과 유사한 무덤이 또 한반도에서 발견됐으니 흥분할 만했다. 《아사히신문》은 발굴 소식을 듣자마자 기자를 급파했고, 다음 날짜 1면 머릿기사로 명화동 고분 발굴 소식을 대서특필했다.

기사의 주요 내용은 이렇다. 광주 명화동 고분에서 전방후원분과 유사한 고분이 발굴되었으며, 봉분 주변에서는 전방후원분에서 특징적으로 나타나는 하니와와 유사한 원통형 토기들이 줄지어 출토되었다는 것이다. 신문은 '이 고분에서 나온 하니와(원통형 토기)는 6세기 한반도 남부와 일본 사이의 깊은 관계를 말해주는 1급 유물'이라며 '이 고분은 한반도에 정착한 왜의 호족이 묻힌 곳일 수도 있다'고 보도했다. 이어 '광주 명화동 고분에서 하니와 12점이 발견되었다는 뉴스는 하니와가 일본 열도에만 존재한다는 정설을 뒤엎는 것'이라고 강조했다. 일본의 전방후원분과 유사한 모양을 가진 장고분이 옛 마한 마지막 중심지에서 발견되자, 일본은 마치 자국이 한반도 남부를 지배했던 사실이 증명됐다고 착각한 듯 보였다.

당시 발굴을 담당한 국립광주박물관은 다음 날 대통령비서실 교육문화수석실로부터 경위 설명을 요청받았다. 장고분이 자칫 임나일본부설의 지지 근거로 오용될 수 있다는 우려에서 대통령실도 민감하게 반응한 것이다.

신덕 고분의 뒤늦은 발굴과 《아사히신문》의 대대적인 보도는 장고분을 둘러싼 한일 간 역사 인식의 차이와 그 민감성을 잘 보여주는 사례다.

장고분의 주인은 누구일까

이처럼 장고분은 한일 고대사 연구에서 중요한 논쟁의 대상이었다. 일본은 자국의 전방후원분과의 유사성을 근거로, 고대 한반도 남부에 일본 세력이 실질적으로 영향을 미쳤다는 주장을 폈다. 반면 한국 학계는 이런 주장이 역사적 사실에 근거하지 않고 신화적 요소나 정치적 목적에 따라 왜곡된 것이라 보고 있다.

그렇다면 광주·전남의 영산강 유역에서만 출토되는 장고분의 주인은 누구일까. 이에 대해 학계는 크게 네 가지 설을 제시하고 있다. 5~6세기 당시 마한, 백제, 왜의 정치·군사적 관계가 복잡하게 얽힌 시기였기에 다양한 해석이 가능한 것이다.

첫 번째 마한 토착 세력설을 보면, 장고분은 이 지역의 오랜 토착 세력의 무덤이며 백제의 압박 속에서 일본 야마토 정권과 교류하던 과정에서 일본 무덤 양식을 비슷하게 차용한 것이라는 주장이다.

두 번째는 왜 세력 영향설이다. 일본의 야마토 정권이 마한과의 교류를 위해 왜인을 파견했는데, 그들이 고향을 기리는 마음에서 일본과 유사한 고분을 조성했다는 시각이다.

세 번째는 백제 파견 왜인설로 백제가 마한 토착 세력을 견제하기 위해 돈독한 관계인 왜인의 도움을 받아 그들을 영산강 유역에 파견했고, 이들이 만든 무덤이라는 견해다.

네 번째는 망명 왜인설인데 3세기 말부터 백제에 밀려 규슈로 이주했던 마한인들이 이후 야마토 정권에 쫓겨 교류해왔던 지역으로 귀환해 장고분을 조성했다는 설이다.

임영진 마한연구원장은 오랫동안 지역의 고고학을 연구해온 학자다. 그는 마한사를 풀어 설명한 책《우리가 몰랐던 마한-고고학자가 들려주는 마한 이야기》에서 이 네 번째 설이 가장 합리적이라고 평가한다. 백제가 세력을 확장하던 시기 영산강 유역으로 밀고 내려오자 일부 마한인들이 규슈 북서부로 망명했는데 당시 바람과 해류를 이용해 이주가 가능했다고 한다. 그러나 백제와 긴밀한 관계를 유지하고 있던 당시 야마토 정권은 이들을 적극적으로 수용하기 어려웠다. 결국 일본으로의 망명을 요청했던 마한인들은 다시 영산강 유역으로 돌아올 수밖에 없었다. 그리고 영산강 유역에 남아 있던 마한 세력은 이들을 다시 받아들였다. 야마토 왕권과 긴밀한 관계를 가지고 있지 않기 때문이다.

또한 이러한 수용이 가능했던 것은 당시 마한의 문화가 개방적이고 포용적이었기 때문일 것이다. 단, 재이주한 세력이 독자적으로 세력화하지 못하도록 중심지가 아닌 외곽 지역에 분산 배치했다.

이처럼 장고분은 단순한 고분이 아니라 5세기에서 6세기 마한, 백제, 왜의 정치 역학이 고스란히 투영된 유물이다. 다양한 설이 존재하지만 장고분의 정확한 주인과 축조 목적을 밝혀내는 일은 여전히 만만치 않다. 그 답이 되어줄 추가 발굴과 연구를 기대하며, 판단은 독자의 몫으로 남겨두고자 한다.

광주의 장고분,
규슈의 전방후원분을 가다

장고분과 전방후원분을 둘러싼 논쟁의 현장을 직접 보고 싶었다. 나는 광주·전남 일대에 흩어진 장고분을 틈틈이 찾아 나섰다. 함평의 신덕 고분과 죽암리 고분, 광주의 월계동 고분과 명화동 고분, 영암의 자라봉 고분, 해남의 장고봉 고분과 용두리 고분이다.

가장 기억에 남는 곳은 광주의 월계동 고분이다. 내가 처음 본 장고형 고분이었기 때문이다. 한일 고대사의 논쟁 대상이라는 사실을 알고 있었기에 현장을 방문하기 전부터 설렘과 긴장이 교차했다. 막상 도착해보니 인구 11만 명이 거주하는 도심 속 첨단과학산업단지에 옛 무덤이 자리하고 있었다. 마주보고 있는 두 개의 무덤은 각각 장고의 형태를 이루고 있었다. 하나는 길이 71미터, 다른 하나는 44미터에 이른다. 도심 한복판, 장고가 땅 위에 놓였다. 앞은 길고 좁게 뻗었고, 뒤는 넓고 둥글게 품을 열었다. 허리는 단단히 조여져 균형을 이루고 있었다.

한일 고대사의 틈바구니에서 노심초사했을 무덤들이다. 그런데 놀라운 것은 고분에 들어서자마자 문제의 고분이라는 사실이 단박에 잊혔다는 점이다. 그저 성역처럼 고요한 무덤의 평화스러운 분위기에 푹 빠져들었다. 8월 한여름 무덤 위의 풀들은 무성했고 온통 녹색 세상이었다. 고분 주변은 산책로와 벤치가 마련되어 있어 휴식을 취하며 역사의 숨결을 느끼기에 제격이었다. 아파트와 고층 건물에 둘러싸여 있었지만 내게는 도시의 소음 속에서도 역사의 고요함이 잔잔히 흐르는 것처럼 느껴졌다.

우리나라 장고분을 돌아보고 나니 자연히 일본의 전방후원분이 궁금해졌다. 2022년 봄 코로나 팬데믹이 진정되어 갈 무렵, 규슈 지역을 여행하며 왕인박사 사당과 요시노가리 역사공원을 둘러보는 김에 전방후원분도 찾아보기로 했다. 그곳은 후쿠오카현 후쿠쓰시에 있는 신바루·누야마 고분군新原·奴山古墳群이다.

후쿠오카 시내에서 자동차로 한 시간가량 달린 후 좁은 시골길

을 헤집고서야 가까스로 고분을 찾을 수 있었다. 신바루·누야마 고분군에는 41기의 전방후원분이 곳곳에 흩어져 있었다. 이들은 5~6세기경 오키노 섬의 제사를 주관했던 무나카타 호족이 조성한 것으로 알려져 있다.

무덤마다 사각형 앞마당은 넓게 펼쳐지고 원형 봉분은 둥글게 솟아 있었다. 하늘에서 내려다보면 열쇠 하나가 땅 위에 놓여 있는 모양이다. 우리나라 영산강 유역의 장고분에 비하면 그 규모는 훨씬 작았다. 과연 같은 양식이라 할 수 있을까 고개가 갸웃해질 정도였다. 이 고분군은 해양 제사를 드렸던 오키노 섬과 함께 유네스코 세계유산으로 등재되어 있으며, 입구에는 세계유산임을 알리는 표석이 세워져 있었다.

고대 한일의 문화적 교류와 융합의 산물일 뿐!

한국과 일본의 무덤을 둘러보며 나는 장고분이 '한반도와 일본 간 문화적 교류와 융합의 결과물'이라는 생각에 이르렀다. 그것은 일본(왜)의 한반도 남부 지배 여부와는 별개의 문제다. 문화란 서로 영향을 주고받으며 새로운 형태로 진화해가는 것이기 때문이다. 장고분은 그런 문화적 상호작용의 흔적이다. 고대 한일 간 무덤 양식이 서로 영향을 주고받으며 변화한 과정을, 우리는 있는 그대로 문화 교류의 시선으로 바라보아야 한다. 역사적 사실 앞에서 쿨해지자. 빛나는 역사는 이제부터 우리가 만들어가면 될 일이다.

2022년 국립광주박물관에서는 〈함평 예덕리 신덕 고분 특별전-비밀의 공간, 숨겨진 열쇠〉 전시가 열렸다. 신덕 고분 발굴 성과가 37년 만에 처음으로 대중 앞에 공개된 것이다. 전시 내용을 보면 이 무덤의 주인은 2, 30대의 남성이었고 왜인이 아닌 이 지역의 수장으로 추정되었다. 무덤에서 나온 부장품(껴묻거리) 또한 일본, 백제, 마한 등 여러 문화가 혼합된 형태로 출토되었다. 이 전시에는 일본 학자들도 참여했다. 오랜 시간 숨죽여왔던 장고분의 성과가 대중 앞에 공개된 것이니 감개무량한 일이다.

장고분은 마한의 독자적인 문화와 외부 세계와의 교류를 이해하는 데 있어 중요한 단서를 제공하는 유적이다. 영산강 유역의 마한인들은 외부의 영향을 받으면서도 자신의 정체성을 옹골지게 유지하면서 능동적으로 변화를 수용하고 변용해냈다. 그 자체로 장고분은 마한 문화의 포용성과 창조성을 보여준다.

장고분은 죄가 없다! 문제는 이를 바라보는 편향된 시선이다. 이제는 역사적 상상력과 문화적 감수성을 통해 장고분의 진정한 가치를 느껴보자. 그것이야말로 오늘을 사는 우리가 해야 하는 일이다.

신창동의 현악기가 들려주는
고대의 선율

국립광주박물관에는 탐나는 물건이 있다. 내 마음을 사로잡는 유물이다. 국가에서 지정한 국보나 보물은 아니지만 그 단아함과 멋스러움에 반해 여러 차례 발걸음을 옮겼다. 바로 광주 신창동 유적지에서 출토된 현악기다.

신창동 현악기는 오랜 세월을 견디며 고대 음악의 흔적을 품은 나무다. 나뭇결마다 배어 있는 시간의 결이 고요한 빛 아래 선명하게 드러난다. 이미 현은 썩어 사라졌지만, 그 울림은 여전히 전시 공간에 은은히 남아 있는 듯하다.

신창동 유적의 연대가 기원전 1세기까지 거슬러 올라가니 이 악기는 가히 2천여 년을 살아남은 유물이다. 저습지의 특성 덕분에 부패하지 않고 보존될 수 있었지만, 악기 전체가 남은 것은 아니고 절반만이 전해졌다. 길이는 77.2센티미터에 폭이 28.4센티미터다. 벚

나무로 제작된 이 악기에는 위쪽에 작은 구멍이 뚫려 있어, 그곳에 현을 고정했을 것으로 보인다. 그러나 외형만 봐서는 악기인지 쉽게 알아보기 어렵다. 뒤에 복원된 모형이 함께 전시되어 있어 비로소 고대의 현악기임을 알 수 있다. 이는 현재까지 우리나라에서 확인된 가장 오래된 현악기다. 국립광주박물관 2층 상설전시실에서 만날 수 있다. 그 앞에 한참을 서서 자세히 들여다보고 있으면 당신도 설렐 것이다.

우리나라에서 가장 오래된 삼한의 악기

　　　　복원된 악기를 자세히 들여다보았다. 소리를 내는 울림통과 줄을 거는 현공이 있고, 줄은 10개였다. 10현금이다. 마한의 연주자는 이 악기를 바닥이나 무릎 위에 올려놓고 연주했을 것이다. 악기는 의례나 축제를 반영하는 중요한 문화적 증거다. 고대 마한 사람들은 이러한 의례를 통해, 우리가 축제를 즐기듯 먹고 마시며 놀았을 것이다. 예로부터 광주가 '예향藝鄕'이라 불려온 연원이 어쩌면 이 현악기에서 비롯된 것 아닐까. 오래된 상상을 해보게 된다.

　악기는 원래 신을 부르는 소리였다. 소리는 애초부터 성스러웠고 그 성스러움에서 음악이 태어났다. 전라남도 화순군 대곡리에서 발굴된 국보 팔주령은 여덟 개의 방울이 달린 청동방울이다. 제사장이 청동거울을 가슴에 부착하고 사방을 돌며 팔주령을 흔들면,

 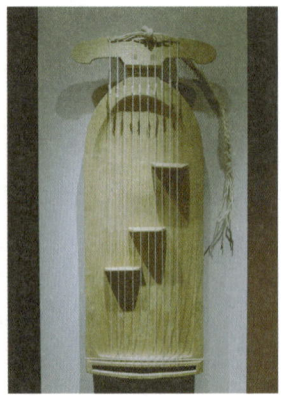

신창동 현악기
(오른쪽은 복원품)

딸랑딸랑 울리는 소리가 의식을 열었다.

우리 역사에 등장하는 대표적인 현악기는 가야금이다. 《삼국사기》에 따르면 대가야의 우륵은 지금의 고령 근처인 금곡에서 제자들과 함께 가야금을 연주했다. 가실왕은 우륵에게 대가야를 하나로 묶을 수 있는 음악을 만들도록 명했다. 우륵은 오동나무에 비단실 12줄을 걸어 가야금을 만들고, 대가야의 소국들을 상징하는 12곡을 지어 대가야 연맹을 하나로 잇는 음악을 연주했다.

백제의 금동대향로에도 거문고를 연주하는 인물이 조각되어 있고 국립경주박물관에는 가야금을 연주하는 토우도 있다. 《삼국지》 위서 동이전은 삼한에서도 악기가 존재했음을 알려준다.

'삼한 사람들이 노래 부르고 춤출 때 슬瑟을 사용했는데 그 모양이 중국의 현악기인 축筑과 같다.'

삼한의 악기에는 슬이 있었다. 슬은 중국 은나라와 주나라 시대에 연주되던 축과 닮은 악기다. 축은 나무 몸체에 25~50개의 현을 고정하고 손가락이나 작은 피크로 뜯어 소리를 냈다고 한다. 신창동 현악기의 출토는 이 기록이 실제 유물로 확인된 최초의 사례다.

또 다른 삼한 진한·변한이 있었던 경상도의 창원 다호리 유적과 경산의 임당 유적에서도 신창동 현악기와 유사한 악기가 출토되었다. 이 현악기들은 훗날 가야금이나 거문고와 연결되는 고대 현악기의 원형이며, 의식과 제례 등 다양한 용도로 활용되었을 것이다.

5월과 10월의 축제는 우리의 문화 원형

《삼국지》위서 동이전에 따르면 마한 시대에는 오늘날의 축제나 페스티벌에 해당하는 의례가 있었다. 하늘에 제사를 지내는 제천행사이다. 농경과 밀접히 연관된 이 의례는 5월, 씨앗을 뿌린 뒤와 10월, 수확을 마친 후 공동체가 모여 한바탕 잔치를 벌이는 형식이었다. 무엇보다 풍년을 허락한 하늘에 감사를 드리는 의미가 컸다. 함께 농사일에 참여한 사람들은 한데 모여 그간의 노고를 위로하고 서로를 격려하며 자축했다. 마한인들은 흥이 많은 사람들이었다. 노래하고 춤추고 술을 나누었다.

'매년 5월이 되면 씨를 다 뿌리고 귀신에게 제사를 올린다. 이때 사람들이 모두 모여서 밤낮을 쉬지 않고 노래하고 춤추며 술을 마신다. 춤을 출 때에는 수십 명이 한꺼번에 일어나 서로 뒤를 따르며 땅을 밟고 높이 뛰었다가 내려오고 손과 발이 서로 호응하며, 박자는 꼭 중국의 탁무와 유사하다. 10월에 농사일이 끝났을 때도 역시 또 이와 같이한다.'

―《삼국지》, 위서 동이전 한조

이러한 제천행사, 축제 문화는 마한만의 전유물은 아니었다. 고구려의 동맹, 부여의 영고, 동예의 무천 역시 해마다 10월, 하늘에 제사를 올리고 밤낮으로 노래하고 춤추며 술을 나누는 축제였다.

그러나 5월의 풍요를 기원하는 제사는 이곳 마한의 특징이다. 추수 후 감사를 드리는 10월의 제천은 다른 지역에서도 행해졌지만 봄에 풍년을 기원하는 '기풍제祈豊祭'는 마한의 전통이었다. 마한의 의례에는 미래의 풍요를 기원하는 마음과 지난 수확에 대한 감사의 마음이 모두 담겨 있다.

하늘에 드리는 제사는 곧 축제였다. 노래와 춤, 술이 어우러진 집단적 연희에 음악이 빠질 수 없었다. 이에 사용된 악기가 신창동에서 출토된 현악기다. 신창동 유적에서는 현악기 외에도 찰음악기, 타악기인 북, 청동방울, 흙방울 등이 함께 출토되었다.

찰음악기는 각목에 새겨진 톱니무늬를 마찰해 소리를 내는 악기다. 타악기인 북은 통형 나무에 가죽을 씌워 리듬감 있게 두드린다. 국립광주박물관 2층 전시실에는 신창동 현악기와 함께 이 찰음악기와 북이 나란히 전시되어 있다. 이들을 하나로 묶어 '신창동 악기

현악기 　　　　　　북　　　　　　　찰음악기

5종 세트'라 부를 만하다. 현악기는 홀로 연주되는 것이 아니라 타악기, 찰음악기와 함께 5중주 퀸텟^{Quintet} 혹은 5인조 밴드처럼 어우러져 연주되었을 것이다.

　큰 나무를 세우고 방울과 북을 매달아 소도에서 천군이 이끄는 제천행사가 열렸다. 며칠 밤낮 계속되는 이 집단 연희는 음악이 흐르는 가운데 사람들의 춤과 기도로 이어졌다. 그들은 손을 들고 발을 구르며 춤을 추었다.

　"하늘이시여, 부디 강림하셔서 이 공연을 기쁘게 보시고, 이 마을에 풍요를 내려주소서."

　공동체 의례에 참여했을 때 마한 사람들은 어떤 감정을 느꼈을까. 타인과 함께 노래나 리듬 등의 소리를 반복하거나 똑같은 몸동작을 되풀이하면 과학적으로 뇌가 활성화되고 행복감이 상승한다고 한다. 이른바 '러너스 하이$^{Runner's\ High}$'라고 부르는 황홀감까지 느

2부. 마한을 상상하다　215

낄 수 있다. 유대감과 신뢰가 깊어진다. 반복되는 신체 동작은 사랑과 행복을 불러일으키는 호르몬인 옥시토신의 분비를 촉진시키고, 손을 맞잡을 때 느껴지는 온기와 눈을 마주쳤을 때 퍼지는 평화는 마한의 마음을 단단히 엮는 정서적 끈이 된다.

'그 순간 우리는 더 이상 혼자가 아니다.'

마한 사람들의 마음이 그때, 그러했을 것이다.

의례하는 삶을 회복하라!

마한의 봄과 가을 농경주기에 이루어지는 제천행사는 한민족 문화의 원형이다. 농경사회에서 하늘에 대한 감사와 풍요에 대한 소망을 담고 있으며, 공동체 의식과 연대의 정신을 오롯이 보여준다. 이 의례에는 음악과 춤이 빠지지 않았다. 예술을 통해 민족의 창의성과 미적 감수성이 표현되었던 것이다. 그러한 정신은 마한 시대부터 격정적으로 살아 숨 쉬었다. 우리는 그 원형 안에서 오늘의 뿌리를 확인할 수 있다.

마한인들은 5월과 10월마다 어김없이 이 축제를 거행했을 것이다. 정해진 절차를 반복적으로 수행하는 행위는 모두 의례다. 의례를 구성하는 각각의 행동에는 강력한 힘이 있다. 모든 단계를 순서에 맞게 제대로 해내려면 집중력이 필요하다. 의례에 참여함으로써 스트레스와 불안을 잠재우고 마음을 현재에 집중할 수 있다. '오늘,

현재, 이 순간이 신이 준 선물'임을 알게 된다.

의례를 행할 때 우리는 익숙한 행동을 새삼 낯설게 바라보며 그것을 과장한다. 그 순간 우리 마음은 강한 자극을 받아 감정과 반응을 담당하는 뇌의 편도체 활동이 활발해진다. 의례의 절차를 단계적으로 반복할수록 감정을 표현하고 학습 능력과 장기 기억력을 높이는 효과가 생긴다. 의례 중 하나인 장례는 가까운 가족이나 친구의 부재로 인한 두려움과 공포를 해소하는 데 도움을 준다. 장례의 절차를 따라가며 우리는 잠시나마 그 두려움에서 벗어나는 자유로운 시간을 경험한다. 마음이 편안해지고 불안이 가라앉는다. 또한 장례는 함께하는 의례로서, 슬픔을 나누고 서로를 위로하는 시간이기도 하다.

마한 사람들은 기풍제, 추수감사제와 같은 집단 의례를 통해 개인을 공동체에 포함시키고 사회의 결속과 연대감을 강화했을 것이다. 의례가 간단하든 복잡하든, 참여자는 몸과 마음의 변화를 경험한다. 그것은 눈에 보이지 않는 끈으로 서로를 연결하고 유대를 심화시키며 새로운 질서 안에서 공동체의 일원으로 자리잡게 한다.

인간과 동물 모두에게 사회적 고립은 생존을 위협하는 중대한 위험 요소다. 우리는 의례를 통해 공동체 속에서 정신적, 신체적 건강을 유지한다. 그런 의미에서 설과 추석 명절을 매년 쇠는 것은 의례를 통해 소중한 문화와 가치를 한 세대에서 다음 세대로 전승하는 중요한 역할을 한다.

추석에 조상께 제사를 올리는 것만이 전통이 아니다. 그 시기에 전국 각지의 가족이 모여 음식을 나누고 대화를 나누며 웃고 떠든다. 이 행위 자체가 실상은 가족 공동체의 결속을 다지는 세리머니다. 고속도로 정체를 무릅쓰고라도 가족과 함께 시간을 보내려는 이유는, 우리가 의례와 세리머니의 힘을 본능적으로 알고 있기 때문이다. 어쩌면 우리가 우리로 존재할 수 있는 것은 설과 추석 명절 덕분인지도 모른다.

국립광주박물관에 가면 신창동 현악기를 보고 오시라. 악기는 우리에게 '의례의 삶을 회복하라'고 고요하게 속삭인다. 삶의 속도를 늦추고 순간순간을 음미하며 일상 속에 세리머니를 만들어보자. 그것도 혼자가 아니라 함께. 마한인들은 그 일을 해낸 사람들이다.

의식과 세리머니에 사용되었을 신창동 현악기는 단순한 악기를 넘어선다. 그것은 개인의 정체성과 공동체의 결속을 유지하고 감정을 치유하며 문화적 가치를 보존한 도구였다. 그것이 바로 신창동 현악기의 '쓸모'였다.

금동관의
귀향

　　국립나주박물관은 2013년에 개관했다. 어느덧 10년이 흘렀다. 나는 개관 초기부터 박물관에 관심을 가져왔다. 직장이 문화체육관광부였기에 업무적으로도 관련이 있었고, 대학 전공이 고고학이었던 것도 이유였다. 그러나 무엇보다도 이 박물관이 내가 태어나고 자란 고향 인근에 들어선다는 점이 남달랐다.

　　박물관은 무엇보다 '무엇을 소장하고 있느냐'가 중요하다. 소장 유물의 역사적 가치가 높아야 방문객의 발길을 끌 수 있다. 우리는 백제금동대향로를 보기 위해 국립부여박물관을 찾고, 금동반가사유상을 보기 위해 국립중앙박물관을 방문한다. 아무리 건물이 크고 멋져도 유물이 부실하면 한 번쯤은 구경삼아 찾을지언정 다시 찾지는 않는다. 그래서 나는 고향 인근에 세워지는 박물관에 어떤 유물이 들어올지 무척 궁금했다.

2013년 11월 박물관 개관 시점에 맞춰 다양한 홍보 기사들이 쏟아졌다. 그 가운데 우연히 마주한 기사가 눈에 띄었다. '국보 제295호 나주 신촌리 금동관, 95년 만에 귀향한다'라는 제목이었다. 금동관이 고향 땅으로 돌아온다는 소식이었다. 두 손 들어 환영할 만한 일이었다. 이 금동관은 바로 박물관 인근의 반남 고분군, 그중에서 신촌리 9호분에서 출토된 유물이었기 때문이다. 긴 세월 여러 곳을 떠돌던 유물이 마침내 놓여 마땅한 자리를 찾은 것이다.

이 금동관은 우리나라 고고학 발굴사에서도 특별한 의미를 지닌다. 1917년 우리나라에서 최초로 발견된 금동관이기 때문이다. 당시 조선을 강제 병합한 일제는 식민지 지배를 공고히 하기 위해 '조선고적답사' 사업을 벌이고 있었다. 조사비가 넉넉지 않아 사업이 제대로 이루어지지 못한 상황에서 이 금동관의 발견은 말 그대로

축복이자 선물이었다. 일본 입장에서도 조선의 문화적 저력을 새삼스레 느꼈을 것이었다.

그 시기는 일본인들이 조선 곳곳에서 출토된 우수한 유물들을 일본으로 반출하던 때였다. 경상남도 창녕에서 출토된 가야 금관이 일본으로 건너가 아직도 도쿄 국립박물관에 있다는 사실을 떠올리면 이 금동관이 일본에 반출되지 않은 것은 실로 다행한 일이다. 일제 강점기를 견딘 유물들이 지닌 슬픈 이력 가운데 하나다.

이 신촌리 금동관은 조선총독부 박물관에 보관되었다가 해방 이후 국립중앙박물관으로 옮겨졌다. 이후 국립광주박물관을 거치는 길고 긴 타향살이 끝에 2013년 마침내 국립나주박물관으로 돌아온 것이다. 95년 만에 고향의 품으로 돌아온 레전드의 귀환이었다.

문화유산에도 스타가 있다

신촌리 금동관은 스타급 문화유산이다. 국보다. 이전에는 국보 제295호로 불렸지만 몇 년 전부터는 우리나라 국보에서 일련번호 표기를 없앴다. 놀랍게도 나는 광주 송정역에서 이 금동관을 마주한 적이 있다. 수많은 사람들이 바쁘게 오가는 대합실 한편에, 복제품이지만 자신의 존재를 뚜렷이 드러내며 이곳이 마한의 땅임을 조용히 알려주고 있었다.

진품 금동관을 보려면 국립나주박물관 고분문화실로 가야 한다.

최근 리모델링된 국립나주박물관 전시실을 찾아갔다. 이제 금동관은 근사한 독립 공간에 놓여 있다. 그 방에 들어서는 순간부터 분위기가 남다르다. 독방의 벽면과 천장이 모두 항아리의 부드러운 곡면을 연상시키도록 디자인되어 있다. 금동관이 옹관 속에서 발견되었다는 점을 상기시키는 전시 컨셉이다. 방 안에는 1917년, 깨진 옹관 속에서 수천 년의 시간을 살아남아 세상에 모습을 드러낸 그 순간을 담은 흑백 사진도 함께 전시되어 있다.

금동관은 고풍스러운 진열장 속, 신비롭고 숭고한 어둠의 빛 속에서 자태를 드러낸다. 신비함과 거룩함을 자아내는 빛이 압도적이다. 그 뒤편에는 이 금동관이 실제로 발견된 대형 옹관이 다른 부장품들과 함께 전시되어 있다. 단순히 유물만 보여주는 것이 아니라 유물이 놓였던 맥락과 환경을 함께 제시하는 전시 기법이다. 시간과 공간의 결을 함께 읽게 만든다.

이 금동관은 '내관'과 '외관'으로 나누어 보면 좋다. 내관은 머리에 직접 얹는 모자처럼 생긴 부분이다. 외관은 그 주위를 감싸는 장식 구조로, 머리띠 모양의 테두리에 나뭇가지 형상의 세움 장식 세 개가 아주 작은 못으로 고정되어 있다. 바닥에서부터 세움 장식 끝까지의 높이는 약 25.5센티미터로 그리 크지 않다.

내관은 반원형의 구리판 두 장을 이어 만들었고, 표면에는 나무덩굴 형태의 인동문과 연꽃을 형상화한 연화문이 세련되게 양각되어 있다. 금빛 속에 새겨진 인동의 노래, 꽃잎마다 깃든 연꽃의 숨결은 삶과 죽음의 맥을 잇는 듯한 느낌이다. 금속 공예 기법 중 하나

금동관의 외관

금동관의 내관

인 타출기법, 즉 못과 같은 뾰족한 도구를 망치로 두드려 무늬를 내는 방식이 사용된 듯하다.

외관의 세움 장식은 머리 위로 솟은 나뭇가지처럼 보인다. 하늘을 향해 뻗어 오른 기개가 영원히 빛나는 권위를 노래하는 듯하다. 하트 모양의 세움 장식 끝자락에는 그 아래로 수십 개의 작은 달개가 매달려 화려함을 자랑한다. 바람에 따라 흔들리며 생과 사를 잇는 진동처럼 다가온다.

이 금동관은 단순한 장신구가 아니다. 시간을 초월한 왕의 상징이며, 빛나는 금속 위에 새겨진 마한의 혼이다.

무덤 주인공의 위세와 권세를 보여주다

금동관은 구리와 금을 섞거나 구리 위에 금을 입혀 만든 관이다. 이는 무덤 주인공의 사회적 지위를 보여주는 중요한 표징으로, 신촌리 무덤에서 금동관이 출토되었다는 사실은 그 주인공이 상당한 권력과 지위, 경제력을 갖고 있었다는 증거다. 곧 영산강 유역 마한 사회의 정치 수준과 지배력, 상위 계층의 권위를 드러낸다.

마한은 금보다 구슬을 선호한 사회였지만, 황금은 시대와 문명을 막론하고 가장 빛나는 귀중품이었다. 희소성과 변치 않는 성질로 인해 금은 불멸을 상징했고, 인간은 영원한 권력을 갈망하는 자리에서 언제나 금을 떠올렸다.

영산강 유역에서 출토된 마한의 금동관이나 가야 고령 지역의 금동관은 신라 금관에 비해 화려함이 덜하지만 그 신비롭고 위엄 있는 아름다움은 결코 뒤지지 않는다. 신촌리 금동관은 크지 않고 아주 가볍고 약해 보인다. 살아 있는 동안 착용한 관이 아니라 생전에 누렸던 영광과 위엄을 죽음 이후에도 지속하기를 기원하며 넣은 장례용품이다. 권세를 상징하는 물건이라 하여 '위세품'이라 부른다. 죽음 이후에도 현생에서의 귀함을 영위하기를 바라는 애틋하고 간절한 마음이다. 이는 마한인들의 삶과 죽음의 경계를 잇는 세계관과 내세 신앙을 보여주는 상징이다.

한반도에서 발견된 최초의 금동관

다시 강조하자면 이 금동관은 역사상 한반도에서 최초로 모습을 드러낸 금동관이다. 신촌리 금동관 발굴 이후 1920년에는 옛 신라 지역인 경상남도 양산의 부부총에서 또 다른 금동관이 출토되었고 1921년에는 순금으로 만든 금관이 경상북도 경주시의 금관총에서 발굴되었다. 최초로 발굴된 금동관이었으니 당시의 충격과 반향은 실로 대단했을 것이다.

신촌리 금동관을 발견했을 때 발굴 책임자는 일본인 야쓰이 세이이치谷井濟一(1880~1959)였다. 일제 강점기 일본은 식민지 통치를 보다 원활히 하기 위해 조선고적조사 사업을 추진했다. 우리나라

각지의 문화재와 유물을 조사하고 파악하는 작업이었다. 당시 조선 고적조사 총책임자는 동경제국대학의 교수이자 건축사가인 세키노 다다시關野貞(1868~1935)였고, 야쓰이는 그의 조수로 시작해 여러 지역의 발굴에 관여했다.

야쓰이는 특히 유적과 인물을 함께 사진으로 담아내는 솜씨가 뛰어나, 지금 남아 있는 당시의 유리건판 사진들 중 다수가 그의 작품이다. 주목할 점은 그의 발굴 동기다. 그는 철저히 식민지 통치 논리를 바탕으로 발굴을 바라본 인물이다. 《일본서기》의 신공황후 한반도 정벌 기사에 심취했던 그는 그 내용의 역사적, 고고학적 증거를 찾기 위해 조선 남부 지역을 탐사하며 일본의 한반도 지배가 역사적으로 정당하다는 논리를 세우고자 했다.

이러한 이유로 야쓰이는 함안과 창녕의 가야 유물, 그리고 나주의 마한 유물에 특히 관심을 보였다. 신공황후의 삼한 정벌과 임나일본부설 등 고대 일본의 조선 남부 경영 주장에 부합하는 흔적을 찾으려는 집착이었다. 결국 그가 나주 반남면 고분에 주목한 것은 매우 노골적이고 목적이 뚜렷했던 선택이었다.

2014년 일본의 고서점 시장에서 야쓰이 세이이치의 비망록이 발견되었다. 그 안에는 나주 반남 고분 발굴 당시의 비사가 담겨 있었으며, 이 기록을 토대로 금동관이 발굴되던 당시의 정황을 재구성해볼 수 있었다.

1917년 12월 18일 영산강변 나주 들녘에는 눈발이 세차게 휘날렸다. 유적을 조사하기에는 그야말로 '고약한' 날씨였다. 그날 세 명의 일본인, 역사학자 야쓰이 세이이치와 건축기사 오가와 게이키치小川敬吉, 화가 오바 쓰네키치小場恒吉가 들판을 서성이며 유적지를 살펴보고 있었다. 이들은 조선총독부의 2차년도 고적조사 사업의 일환으로 영산강 일대 고분들을 조사하러 내려온 터였다. 반남면 신촌리, 덕산리, 대안리 일대의 넓은 평야에는 크고 작은 고분이 산재해 있었다. 그 가운데서도 유독 네모진 형태가 도드라지는 고분 하나가 야쓰이의 눈길을 끌었다. 바로 신촌리 9호분이다.

  12월 20일부터 26일까지 고분 굴착 조사가 이루어졌고, 중앙부 무덤 방에서는 10여 개의 옹관과 다양한 부장 토기들이 출토되었다. 특히 23일 '을 옹관'이라 이름 붙은 대형 옹관에서 반짝이는 금동관이 모습을 드러냈다. 함께 발견된 부장품으로는 큰칼, 창, 화살촉, 옥기류, 금동신발 등이 가득했다. 그 '반짝이는 금동관'이 바로 신촌리 금동관이다. 이 유물은 식민지 조선에서 금동관이 출토된 첫 사례였다. 외관과 내관이 완비된 정제된 형태였으며, 제작 기술 또한 매우 정교했다.

발굴보고서조차 나오지 못한, 일제 강점기의 불행한 발굴사

  야쓰이는 장기 조사를 원했지만 폭설과 조사 예산 부족으로 발굴을 중단하고 12월 27일 경성으로 철수했다. 이후 1918년 10

월 야쓰이 조사단은 다시 신촌리를 찾는다. 그는 고분 정상부와 가장자리에서 일본 고분 시대의 '하니와'와 유사한 '원통형 토기'를 발견하고 흥분했다. '이 원통형 토기는 일본식이고, 이 무덤의 주인공은 임나일본부와 관련된 일본인이 아닐까?' 그렇게 믿었을 것이다. 고대 일본이 한반도를 지배했다는 증거를 찾았다며, 그는 정신없이 셔터를 눌렀다.

현재 국립중앙박물관에 소장된 1917년과 1918년 반남 고분 발굴 당시 유리건판 사진들 중에는 신촌리 9호분의 사진이 압도적으로 많다. 그가 유물 발굴에 얼마나 열을 올렸는지를 보여주는 대목이다. 그의 희열은 비망록 속 다음과 같은 메모에도 고스란히, 적나라하게 담겨 있다.

'나주 반남 고분군, 반남면이 있는 자미산 주위 신촌리, 덕산리, 대안리 대지상에 수십 기의 고분이 산재한다. 이 고분들의 외형은 원형 또는 방대형이고 봉토 내에 한 개 또는 수 개의 도제 옹관을 묻었다. …발견된 유물 중에는 금동관, 금동신발, 대도, 도자, 도끼, 창, 화살, 관옥 등 열거할 수 없을 정도다. 이 고분들은 그 장법과 유물들로 추측하건대 아마도 왜인(倭人)들일 것이다. 자세한 내용은 다음에 제출하기로 하겠다.'

그러나 1921년 야쓰이가 돌연 일본으로 귀국하면서 그가 제출하기로 한 보고서는 끝내 간행되지 않았다. 신촌리 금동관에 대한 정식 연구와 조사가 진행되지 못한 것은 우리 발굴사에서 안타깝고 불행한 일이었다.

결국 야쓰이가 믿었던 왜인설은 잘못된 가설로 드러났고, 오늘날 우리는 신촌리 금동관의 주인공이 마한의 지배자였음을 알고 있다. 야쓰이는 무덤에서 무슨 생각을 하며 잠들어 있을까.

신촌리 금동관은 누가 만들었을까

신촌리 금동관은 매우 수준 높은 금속공예 기술을 보여주는 예술품이다. 이 금동관의 제작 주체를 두고는 여전히 논쟁이 있다. 오랫동안 학계에서는 백제 중앙에서 제작되어 지방으로 사여한 '위세품'의 일종이라는 견해가 우세했다. 영산강 유역에 이처럼 정교한 금속공예 기술을 지닌 집단이 있었을 리 없다는 전제에서 비롯된 시각이었다.

그러나 제작 방식과 장식 기법이 백제의 금동관과는 다르다는 점을 근거로, 영산강 유역 마한의 토착 세력이 자체적으로 제작했을 가능성도 최근 힘을 얻고 있다. 제작 기법 측면에서 보자면, 백제의 금속공예는 주로 금속판에 구멍을 뚫어 무늬를 표현하는 '투조 기법'을 사용한 반면, 신촌리 금동관은 금속판을 두드려 문양을 새기는 '타출 기법'으로 장식되었다는 것이다.

장식 방식에서도 차이가 드러난다. 백제 금동관은 내관에 세움 장식을 따로 세우는 형식이지만, 신촌리 금동관은 외관의 머리테에

풀꽃 모양의 세움 장식을 못으로 고정하고, 그 끝에 유리옥을 달아 화려함을 더했다. 이러한 특징은 2020년 영암 내동리 쌍무덤에서 발견된 금동관편의 출토 이후 자체 제작설에 더욱 힘이 실리는 배경이 되었다.

물론 단순한 기법과 장식의 차이만으로 단정 짓기는 어렵다. 영산강 유역의 마한 세력은 중앙집권적 통일 국가와는 다른 소국 중심의 사회질서를 견지했다. 그러나 이처럼 화려하면서도 고아한 금동관을 제작하고 소유할 수 있었던 문화적 역량을 지닌 세력이었음은 알려진 사실이다.

95년 만에 고향 품에 안긴 신촌리 금동관. 떠돌이 세월이 장구한 만큼 그 고단함을 씻고 이제는 평안을 찾았으면 좋겠다. 인문지리학자 이-푸 투안Yi-Fu Tuan은 《공간과 장소》에서 '공간에 우리의 경험과 삶, 애착이 녹아들 때 그곳은 비로소 장소가 된다'고 말했다. 이제 비로소 국립나주박물관은 금동관에게 그러한 장소가 되었을 것이다. 금동관을 찾는 우리에게도 그 평안함을 고스란히 전달하고 있을 것이다.

우리는 그 모습을 보기 위해 국립나주박물관에 가야 한다. 고향 곁에서 마침내 안정을 되찾은 영롱한 마한의 금동관. 그 고요하고도 단단한 평온의 순간에 잠시 머무르면 그 마음이 우리에게도 온전히 전해질 것이다. 그리고 마음과 시간을 조금 더 내어 박물관 건너편 멀지 않은 곳에 있는 금동관의 탄생지, 신촌리 9호분까지 산책을 떠나보자. 가을이면 들판 가득 흐드러지게 핀 여러 빛깔의 코스모스가 오랜 기다림 끝에 찾아온 우리를 따뜻하게 반겨줄 것이다.

금동신발,
마한 장인의 혼이 깃든 예술품

　중국이나 일본에서는 거의 출토되지 않는 우리나라만의 독특한 유물이 있다. 바로 금동신발이다. 금동신발은 왕족이나 귀족의 무덤에 함께 묻기 위해 제작된 장례용품이다. 영산강 유역 마한 지역에서도 금동신발이 나왔다. 그중에서도 나주의 정촌 고분에서 출토된 금동신발은 가장 뛰어난 금속공예 기술을 보여주는 명품이다.

　금동신발은 주로 옛 백제 지역에서 다수 출토되었는데, 대표적으로 충청남도 공주의 무령왕릉에서 왕과 왕비의 금동신발이 발견되었다. 아직까지 금동신발 가운데 국보로 지정된 것은 없지만 보물로 지정된 사례는 두 점이 있다. 그중 하나가 바로 이 정촌 고분의 금동신발이고, 나머지 하나는 전라북도 고창 봉덕리 고분에서 출토된 것이다. 흥미롭게도 이들 모두 옛 마한의 땅에서 나온 유물이라는 점에서 마한 사회의 문화 수준을 가늠케 하는 중요한 사례라 할 수 있다.

바윗돌을 비켜간 행운

정촌 고분은 드넓은 나주평야와 고요히 흐르는 영산강을 내려다보는 잠애산 산기슭에 자리 잡고 있다. 고분은 네모난 평면에 상부가 평평한 방대형으로 조성되었다. 원래 고분 주변은 나주 임씨 집성촌 마을이 있고, 고분 위에는 나주 임씨 정자가 있었다고 한다. 그런 연유로 다행히 도굴의 위험을 피할 수 있었던 것이다.

발굴에 참여한 학예사의 증언에 따르면, 정자의 기반 공사 과정에서 무너져 내린 돌덩이가 군데군데 무덤 내부로 떨어졌지만 기적적으로 금동신발은 그 돌들을 피했다고 한다. 각도가 조금만 달랐어도 산산조각이 났을 금동신발이 운 좋게도 살아남은 것이다. 정말 선물처럼 찾아온 유물이다.

이 금동신발의 제작 시기는 5세기 후반으로 추정된다. 제작 주체에 대해서는 학계의 의견이 엇갈린다. 하나는 백제가 마한을 병합한 이후 직접적인 지배가 어려워지자 금동신발 같은 위세품을 하사하며 간접 통치했던 결과물이라는 해석이고, 다른 하나는 이 지역의 세력이 자체 제작했을 것이라는 시각이다.

나는 2021년 금동신발을 처음 만났다. 마한에 관심을 갖고 처음

찾은 곳이 복암리 고분전시관이었다. 당시 막 '역사문화권 정비 등에 관한 법률'이 시동을 걸 때다. 고구려, 백제, 신라 문화권말고 그동안 잘 알려지지 않았던 가야와 마한 문화권에 대한 관심이 일기 시작하던 시점이었다.

당시 전라남도청 문화재과장이던 유영광 과장, 경주 양동마을 향단의 이난희 선생, 가야문화재연구소장을 지낸 박왕희 선생과 함께 복암리 고분전시관을 찾았다. 유영광 과장은 문화재 답사를 즐겨 하던 우리에게 마한 문화를 소개하고 싶었던 것이다. 그렇게 처음으로 마한의 문으로 들어섰다.

복암리 고분전시관은 복암리 3호분을 실물 크기로 재현해 전시하는 공간이다. 주전시실에 들어서기 전, 눈에 띄는 유물이 있었다. 전시실 한켠 진열장에 황금빛 신발 한 켤레가 가지런히 놓여 있었다. 찬란하게 빛나는 그 신발은 상상의 동물 등 다양한 문양으로 정교하게 꾸며져 있었고, 특히 발등에는 화룡점정처럼 하늘로 비상하는 용머리 장식이 이 금동신발의 시그니처처럼 우뚝 서 있었다.

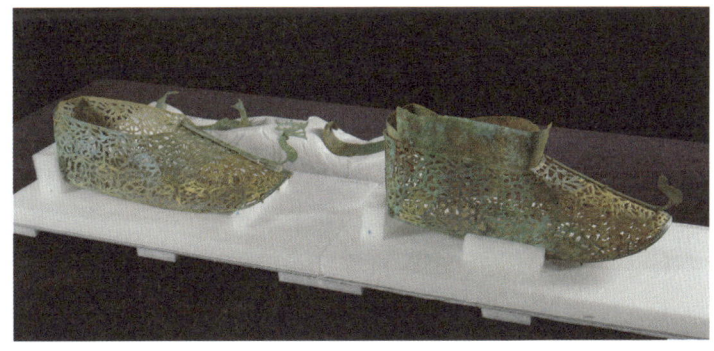

우리를 안내한 이정호 관장은 "이 신발은 전시관 뒷산 정촌 고분에서 2014년에 발굴된 유물이며, 얼마 전 보물로 지정되었다"고 설명해주었다. 나중에 알게 된 사실이지만 그때 전시된 금동신발은 복제품이고 진품은 국립나주문화재연구소에서 복원 처리 중이었다. 이 관장의 표현을 빌리면, 다른 복제품과 달리 구리로 제작하고 아말감 처리까지 거친 만큼 일반적인 복제품보다 비용이 꽤 들어갔다고 했다.

고대 디자인 문양이 다 모였다

복암리 고분전시관의 금동신발을 처음 만났을 때 가장 놀랍고 인상 깊었던 것은 전시장 벽면에 빼곡히 쓰인 설명문이었다. 용, 삼족오, 인면조人面鳥, 도깨비 등 금동신발에 새겨진 문양 디자인에 대한 설명이 너른 전시장 벽면을 가득 메우고 있었다. 다 읽어 내리기에 힘들 정도로 긴 분량의 설명문에는 우리 신화 속 상상의 동물들이 그림과 함께 빠짐없이 소개되어 있었다. 이렇게 흥미로운 이야기의 세계가 펼쳐져 있다니, 나도 모르게 호기심이 발동했다. 마치 그리스 신화 속 다양한 신들의 이야기를 보는 것처럼 흥미진진했다.

신발에 새겨진 문양들은 만물상을 방불케 한다. 내가 기억하는 한 가장 많은 이야기를 품은 유물이다. 하나의 물건 안에 수많은 디자인 요소를 화려하게 결합했고, 무늬들은 그 시대의 트렌드를 반영하는 동시에 현대의 시각으로 봐도 힙하게 느껴지는 문양의 진열장이었다.

죽은 이를 천상의 세계로 인도하는 다양한 동물들이 그려져 있었다. 용, 일신양두一身羊頭, 도깨비, 인면조 등 신화 속 동물들이 풍성하게 등장한다. 이 동물들은 단순한 장식이 아니라 당대의 신앙과 세계관을 반영한다. 죽음을 삶의 연속으로 본 그 시대의 인식을 엿볼 수 있다.

발바닥 중앙에는 연꽃이 피어 있다. 연꽃은 불교의 대표적인 문양으로, 더러운 진흙탕 속에서도 아름답게 피는 상징성을 지닌다. 연꽃 모양, 연화문은 실상은 불교에서만 등장하는 것은 아니다. 이미 4천 년 전 이집트와 초원의 스키타이 지역에서도 연화문이 발견된 바 있다. 이 금동신발에 새겨진 연화문은 8개의 꽃잎을 삼중으로 배치하고 중앙에 꽃술을 새긴 솜씨가 특히 뛰어나다. 384년 백제에 불교가 전래되었고 마라난타 승려가 영광으로 들어왔다는 기록이 있다. 영광은 마한 땅이다.

연화문 옆에는 눈을 부릅뜨고 입을 크게 벌린 도깨비 한 쌍이 있다. 괴수라고도 불리는 이 도깨비를 좀 더 자세히 들여다보니 우락부락한 얼굴에 광대뼈가 튀어나왔고 왕방울만 한 눈과 뿔이 나 있다. 나쁜 기운을 물리치기 위해 위협적으로 표현된 얼굴이다. 이러한 도깨비 얼굴은 삼국 시대의 왕궁터나 집터에서 나오는 기와에도 흔히 등장한다. 악령을 물리치고 무덤의 주인을 보호하는 수호 문

양인 셈이다.

　무엇보다 금동신발 문양의 정점은 발등에 장식된, 불꽃을 내뿜으며 하늘로 비상하는 용이다. 용은 기린, 봉황, 거북과 함께 상서로운 영물로 권위와 신성함을 상징하며 죽은 자의 영혼을 보호해 승천시키는 역할을 한다.

　특히 신기한 것은 하나의 몸에 두 개의 머리를 가진 일신양두다. 오른쪽 신발에 하나, 왼쪽 신발에 두 개가 정교한 투각기법으로 새겨져 있어 예술적 완성도가 높다. 악령을 쫓고 영혼을 수호하는 신성한 존재이며, 두 개의 머리는 대칭과 균형을 통해 우주의 조화를 상징한다. 죽은 자의 평온한 사후세계를 기원하는 의식적 의미를 담고 있다.

　사람의 얼굴에 새의 몸을 지닌 인면조는 죽은 자의 영혼을 천상으로 안내하는 역할을 한다. 2018년 평창동계올림픽 개막식에서 보았던 인면조가 생각났다. 고구려 고분벽화를 구현한 공연 장면이었다. 무용총에서 바로 튀어나온 듯한 복장의 무용수들 사이에서 사람의 얼굴을 한 인면조는 당시 독특한 생김새로 인터넷에서 '신스틸러'로 회자되기도 했다.

동서남북을 지키는 수호신도 표현되어 있다. 북방의 현무, 서방의 백호, 남방의 수두조신, 동방의 황룡이 그것이다.

영물인 봉황도 빠지지 않는다. 앞은 기러기, 뒤는 사슴이며, 뱀의 목에 물고기 꼬리를, 용무늬에 거북의 몸, 제비턱에 닭의 부리를 가졌고, 목을 늘이고 날개를 펼치면 오색이 다 드러난다고 기록돼 있다. 봉황은 고구려 고분벽화에도 등장하며 장수와 번영을 상징하는 고귀한 존재로 여겨졌다. 천하가 편안할 때 나타나는 상서로운 동물이다. 왕이 평화롭게 통치하면 해와 달이 깨끗하고 바람과 비가 와서 오곡이 잘 익고, 봉황이 뜰에서 날고, 기린이 교외에 와서 논다고 했다. 하늘에서도 부귀와 영화를 누리라는 바람을 담아 금동신발에 새긴 것이다.

하늘과 땅 그리고 사람을 의미한다는, 세 개의 다리를 가진 까마귀 삼족오도 있고, 불사약을 얻어 달의 정령이 된다는 두꺼비도 있다. 천년의 날개를 지닌 응룡도 보인다. 현실과 천상, 주로 공간의 경계를 주로 나타내는 화염문, 오색찬란한 날개로 하늘을 나는 기린, 영혼의 인도자인 새 등 금동신발 속 문양은 일일이 다 열거할 수 없을 정도로 다양하다.

'생각하는 손'이 만들어낸 마한의 명작

금동신발은 정교한 금속공예 기술로 다양한 문양을 새긴 수작이다. 당시의 뛰어난 예술적 감각과 사후세계에 대한 신앙을 잘 보여준다. 금동신발은 발바닥판과 옆면의 오른쪽 판, 왼쪽 판 등 모두 세 개의 판으로 이루어져 있다. 옆면의 판들은 육각형들이 2단으로 연결되어 쌓아 올려졌다. 육각형 안에는 여러 상상 속 동물들과 화염문, 연화문 등이 정교하게 투각되어 있다. 양 옆을 대칭으로 만들지 않은 점이 독창적이고 혁신적이다. 오른쪽 판과 왼쪽 판에 새겨진 육각형의 개수도 다르고, 문양도 다르며, 새겨진 동물도 각각 다르다.

이 금동신발은 누가, 어떻게 만들었을까. 백제의 왕실 공방에서 제작되어 마한 세력에게 사여한 것으로 본다. 왕실 공방에 속해 금동신발을 제작한 장인들은 금속판을 얇게 펴고 정교한 투각 문양을 새기는 기술에 능숙했다. 만약 이 지역 자체 제작설이 맞다면, 마한의 핵심 세력지였던 나주에는 당대 최고의 기술을 지닌 장인들이 활동했을 것이다.

이 금동신발은 구리판 세 장을 붙인 후 금으로 도금했을 것으로 보인다. 아마도 장인이 가장 고심한 부분은 중앙 발등에 얇은 막대를 대고 세 개의 못으로 고정한 '용머리'였을 것이다. 용은 상서로운 기운을 내뿜으며 하늘로 올라가고 있다. 다른 금동신발과 구별되는 정촌 고분 신발만의 독창성이자 탁월함이다. 불세출의 장인이 누구인지는 기록되어 있지 않지만, 그는 분명 뛰어난 예술가의 반열에 오를 만한 인물이다.

나는 이 금동신발을 만든 장인, 아니 높은 예술성의 경지에 오른 예술가의 세계에 감탄하지 않을 수 없었다. 그들은 사물의 본성을 이해하는 과학자이자 창의적 기술과 조형 감각을 지닌 예술가라는 두 가지 면모를 함께 갖춘 집단이기 때문이다. 이 금동신발을 보면서, 후대에 길이 남을 이 명작을 만든 이들의 생각과 그 속성을 궁금해하지 않을 수 없었다.

장인의 세계에 대해 우리가 알고 있는 정보는 많지 않다. 그런데 우연히 그 세계를 이해하는 데 도움이 된 책을 알게 되었다. 리처드 세넷Richard Sennett의《장인》이다. 그는 세계적인 노동사회학자로 다양한 분야를 넘나드는 글쓰기를 한다.《장인》은 고대부터 현대에 이르기까지 장인의 세계를 분석한 책이다. 저자는 실천을 통해 스스로 삶을 만들어가는 존재로서의 인간을 이해하고자 사회학적 상상력 3부작 '호모 파베르 프로젝트homo faber project'를 기획했고《장인》은 그 첫 번째 책으로 출간되었다.

책을 다 읽고 난 뒤 세넷의 메시지를 곱씹어보니 장인의 세계는 결국 '생각하는 손'이었다. 뛰어난 장인은 손의 힘만으로 일하는 사람이 아니라, 구체적인 작업과 사유 사이를 오가며 문제를 풀고 문제를 찾는 리듬을 만들어낸다고 했다. 그의 손은 단순한 손이 아니라 생각하는 손이었다.

정촌 고분의 금동신발을 만든 장인도 끊임없이 생각했으리라. 그는 손과 머리를 함께 사용하였고, 상상력을 자극하고 활용해 형태를 만들어냈을 것이다. 그의 손과 머리는 하나였을 것이며, 손을 움직이면서 동시에 머리로 생각했을 것이다. 금속판을 만지고 자르고 오리는 촉감과 동작을 통해 금속의 속성을 하나하나, 속속들이 알아갔을 것이다. 수많은 시행착오의 과정을 거치며 그의 창의성과 상상력은 마침내 폭발했고, 금동신발에 후대에 길이 남을 에너지와 심미성을 불어넣는 마지막 신의 한 수를 찾아냈다. 그것이 바로 중앙 발등에 세 개의 못으로 고정된, 승천하는 '용'이다.

장인이 만든 용의 우아한 곡선은 죽은 자의 영혼을 품은 채 지금도 하늘로 날아오를 준비를 하고 있다. 한 걸음 한 걸음 내디딜 때마다, 용의 머리는 보호자가 되어 악령을 물리치고 빛의 길을 열며 사후의 세계로 인도한다.

구름을 가르며 숨결을 불어넣는 듯 용의 기운이 신발 위에 깃들었다. 훌륭한 장인은 일을 해결하는 데 그치지 않고 그 해법을 통해

새로운 지평을 연다. 승천하는 용이 끄는 금동신발을 만들어낸 장인의 작업장은 바로 '철학하는 작업장'이었다.

마한인과 동물,
영혼의 교감

10월, 핑크뮬리가 피어나는 국립나주박물관은 피해 갈 수 없는 계절이다. 2022년 가을 국립나주박물관 뒷마당에 핑크뮬리가 아름답게 피어날 무렵, 전시실에서는 〈고대 영산강 사람과 동물〉이라는 전시가 열렸다. 마한인들은 그 시대 그 땅에서 결코 홀로 존재하지 않았다.

역사 이래 인간에게 동물의 존재가 지금처럼 소중했던 시대가 또 있었을까. 많은 사람들이 개와 고양이를 가족처럼, 친구처럼 여기며 살아가는 시대다. SNS에 올라오는 따뜻한 햇살 아래 한가로이 낮잠을 즐기는 고양이들은 온라인 세계의 사람들에게 귀여움을 독차지한다. 내가 자라온 시절, 개는 마당을 지키는 존재였지 함께 침대를 공유하는 가족은 아니었다. 고양이는 영물이었지만 내 영혼을 지키는 파수꾼은 아니었다. 그런데 지금은 개와 고양이가 일터의 고단함을 잊게 해주는, 나를 묵묵히 기다려주는 소중한 존재가 되었다. 수의역사학자 천명선은 《우리는 지구에 홀로 존재하지 않는다》에서 이렇게 말했다.

'다른 존재에게 공감하고 배려한다는 것, 이것은 인간이 지금까지 진화해 오면서 멸종되지 않고 살아남을 수 있었던 중요한 능력이다.'

그렇다면 고대 마한 시대의 동물들은 마한인들에게 어떤 존재였을까. 고대 영산강 유역에서 사람과 동물은 어떻게 공존하며 살아왔을까. 그들의 삶과 문화를 깊이 이해할 수 있는 기회였다. 이 전시에 대한 나의 호기심은 바로 이 지점에서 발동되었다.

'단백질 공급원의 시대'에서 '도구의 시대'로

전시실에서는 고대 영산강과 관련된 동물의 이야기들이 펼쳐지고 있었다. 전시는 '1부 삶에 들어오다', '2부 상징으로 삼다', '3부 마지막 시작을 함께하다'로 구성되어 있었다. 영산강과 관련된 광주 신창동 유적, 복암리 유적, 신촌리 유적 등에서 나온 동물 관련 유물들이 총출동한 자리였다.

마한의 시대가 열렸을 때 인간은 아직 동물을 힘으로 능가할 단계에 이르지 못했다. 맹수의 위협으로부터 몸을 보호해야 했다. 그러다 마한 사람들은 지혜롭게 '공존해야 하는' 단계에서 '공존하고 이용하는' 단계로 발전한다.

마한인들과 동물의 초기 관계를 잘 보여주는 곳이 광주 신창동 생활유적이다. 동물은 사냥의 대상이자 먹거리의 원천이었다. 이 저습지에서는 다양한 동물 뼈들이 출토되었는데, 소 뼈, 개 뼈, 노루 뼈 등 다양했지만 그중 압도적인 것은 사슴 뼈였다. 사슴은 숲과 평지를 오가며 무리 지어 사는 동물로 사냥하기에 비교적 수월했기 때문이다.

고기를 먹은 후 남은 뼈들은 인간의 생활 도구가 되어 주었다. 동물 뼈로 만드는 '도구의 시대'였다. 석기, 청동기, 철기 등 다른 도구들이 발달하지 않았을 때 동물 뼈는 가공하기 쉬운 재료였다. 마한의 엄마들은 사슴뿔로 만든 뒤지개를 조리 도구로 사용했을 것이다. 사슴뿔은 손에 쥐기에 적당한 크기와 두께를 가지고 있다. 일 년에 한 번씩 새 뿔이 나기 때문에 구하기도 수월하다. 사슴뿔로 만든 '빗창'이라는 도구는 바다 암초에 붙은 전복류를 따는 데 쓰였다고 한다. 물고기를 잡을 때도 사슴뼈는 작살처럼 '뼈 찌르개'나 '뼈 바늘'로 활용되었다.

전시장을 걷다 보니 동물 뼈나 뿔로 만든 목걸이들이 눈에 들어왔다. 일종의 '뼈 장신구'다. 보석이 흔하지 않던 시절, 동물 뼈나 뿔은 장신구로 활용되었다. 개 이빨로 만든 장신구, 뼈에 빗금을 긋거나 삼각형의 거치문을 새겨 머리에 꽂는 장식품도 있었다. 지금의 눈으로 보면 다소 괴상해 보일 수 있지만 구슬이나 옥, 금이나 은이

귀하던 시절에 동물 뼈는 자신의 정체성을 드러내는 멋진 장신구였다.

전시장에서 가장 흥미로웠던 것은 중간 중간 구멍이 송송 뚫린 동물 뼈들이었다. 이 물건들은 인간의 길흉화복을 점치는 데 쓰인 '점뼈'들이다. 인간의 불안은 동서고금을 막론하고 이어져왔던 모양이다. 이쯤 되면 인간이라는 존재가 안고 있는 숙명적 문제일 수도 있다. 최근 영화 〈파묘〉에 유명 여배우가 무당으로 출연하고 TV 예능 프로그램에 MZ세대 무당이 등장하는 것도 이제 일상이 되었다. 합리적이라 자부하는 사람들조차 사주, 역학, 신점을 본다. 지금도 앞날이 궁금하고 초월적 힘을 갈구하는데, 알고 있는 것이 많지 않았던 마한 시대에는 미래가 얼마나 더 궁금했을까. 자연과 세계에 대해 인간이 알고 있는 것이 턱없이 부족했던, 바로 '불확실성의 시대'였던 것이다.

전시장에 진열된 광주 신창동과 해남 군곡리의 점뼈들을 보니 사슴과 돼지의 어깨뼈가 가장 많았다. 어깨뼈는 넓고 얇아 잘 갈라지기 때문이다. 고대 영산강 사람들은 동물의 뼈로 어떻게 인간의 미래를 점쳤을까. 동물의 뼈를 불에 달군 도구로 지져 그 흔적을 보고 미래를 점쳤다고 한다. 점뼈는 긴 부채꼴 모양으로, 윗부분은 손으로 잡을 수 있었고, 부채꼴처럼 펼쳐진 하단부에는 동그란 구멍들이 뚫려 있다. 날카로운 도구로 구멍을 내고, 달군 쇠로 지져 균열을 만들고, 그 균열의 방향을 보고 앞날과 길흉화복을 점쳤다는 것이다.

시작은 흥미진진했지만 설명을 보고 나니 다소 맥이 빠졌다. '저 구멍과 균열을 보고 인간의 미래를 점치다니.' 중요한 것은 점술사의 예지력과 그것을 설명해내는 스토리텔링 능력일 것이다. 결국은 듣는 사람을 믿게 하고 감복하게 만드는 인간의 능력, 그것이야말로 점술의 핵심이었는지도 모른다.

힘의 역전, 동물의 가축화 시대

수렵과 채집의 시대에서 동물과 인간의 관계를 획기적으로 바꾼 사건이 일어난다. 인간은 동물을 굴복시키기보다 품을 들여 길들이기로 한다. '힘의 역전'이다. 야생의 벌판을 버리고 인간의 관리 아래로 들어온 동물들이 나타났다. 바로 '가축의 탄생'이다. 동물은 사람보다 강한 힘으로 노동을 대신해주었다. 동물과 인간의 관계에서 일어난 '코페르니쿠스적 대전환'이다. 동물은 인간에게 길들여지며 자기에게 유익한 것을 얻고자 했고, 인간은 그 대신 동물이 필요로 하는 자산을 공급하는 역할을 하게 된다. 인간과 동물의 호혜적 관계가 시작된 것이다.

우리나라에서 가장 먼저 가축으로 등장한 동물은 신석기 시대의 개다. 개와 인간의 관계는 그 역사가 매우 깊다. 늑대 무리에서 이탈한 개는 사냥을 도왔고 다가오는 위험을 알려주었다. 전시장에는 이 지역 해남 군곡리 패총에서 나온 신석기 시대 개 한 마리가 거의 온전한 모습으로 진열되어 있었다. 수명이 다해 죽은 개를 일부러 묻어준 것이다. 오랜 시간 사람과 함께해온 개였기에 죽음 이후의 대접은 당연했다.

개에 이어 소, 돼지, 말이 가축화의 대열에 합류했다. 그중에서도 소와 말은 고대 영산강 사람들에게 없어서는 안 될 귀중한 노동력이자 운송수단이었다. 소와 말은 타고 다닐 수 있었고 큰 힘이 필요한 일에 활용되었다. 나주의 오량동에서 제작된 옹관은 소가 운반해 영산강 포구로 옮겼고 그곳에서 다른 지역이나 나라로 수출되었을 것이다.

광주 신창동에서 출토된 유물 중 관심을 모았던 것은 수레바퀴의 부속품이었다. 이는 마한 시대에 소나 말이 끄는 수레가 있었음을 보여주는 증거다. 《삼국지》 위서 동이전에서는 마한 사람들이 '소나 말을 타고 다닐 줄은 모르고 오직 죽은 이를 안장할 때만 사용한다 不知乘牛馬 牛馬盡於送死'고 기록했지만, 신창동에서는 일상생활에서 동물을 활용한 증거로 수레바퀴가 나온 것이다. 이처럼 문헌자료와 고고학 발굴은 종종 상충되기도 하기에 상호 보완적으로 활용해 역사를 이해할 필요가 있다.

말은 동서양을 막론하고 18세기 증기기관차가 발명되기 전까지 가장 빠른 이동수단이었다. 그래서 동서양 여러 유적지에서 발걸이, 재갈, 말띠드리개 같은 말갖춤이 다수 출토된다. 영산강 유역에서도 5세기 후반부터 이러한 말갖춤 유물이 등장한다. 이는 말을 타고 이동하는, 즉 승마 문화가 있었음을 보여준다.

동물이 상징이 되는 시대

지금까지 인간과 동물은 1차적 관계를 맺고 살아왔다. 즉, 먹고 자고 생존에 필요한 것을 서로 교환하며 생태계를 만들어온 것이다. '형이하학의 세계'다. 그런데 이제 동물과 인간의 관계는 '형이상학의 단계'로 이동한다. 동물이 상징의 대상이 되는 단계다. 사람들은 동물을 단순한 존재로 보지 않고, 어떤 의미와 상징을 담는 대상으로 보기 시작했다. 이제 동물은 그 자체로 존재하는 것이 아니라 인간의 바람과 소망을 투영한 새로운 존재로 재탄생한다.

인간은 의미를 찾아 살아가는 존재다. 자신의 존재에 의미를 부여하고 이를 상징화하며 삶을 살아가는 이유를 만드는 존재다. 그러한 상징이 되기에 가장 적합한 것이 '함께하는 동물'이었다. 고대 마한 사람들은 동물이 갖고 있는 1차적 속성에 기반해 의미와 상징을 만들었다. 예를 들어 열심히 일하는 사람을 "소처럼 우직하다"라고 말하는 것처럼, 소는 열심히 일하는 속성 때문에 우직함과 성실함의 상징이 된 것이다.

전시장에서는 고대 마한의 동물 문양을 쉽게 찾아볼 수 있었다. 사람들은 흙으로 동물의 형상을 빚거나 토기에 새겨 넣었다. 고대 영산강 사람들도 소, 말, 돼지, 새와 같은 동물의 형상을 흙 인형으로 만들거나 토기에 새기고 부착해 장식했다. 해남 만의총에서 발견된 토기에는 한쪽에는 용 또는 뿔이 달린 말 형상의 상서로운 동물이, 다른 한쪽에는 그 동물 등에 올라탄 남자의 모습이 표현되어

고대 마한의 흙인형들
(돼지, 자라, 멧돼지 모양)

있었다.

가마터에서 발견된 말 모양 흙 인형은 제사에 사용된 것으로 보인다. 역사적으로도 서해안 연안의 부안 죽막동 해양제사 유적지, 흑산도의 고려 시대 제사터에서도 말 모양 흙 인형이 발견된 바 있다. 사람들은 왜 말에 영험한 능력이 있다고 믿었을까. 말이 있었기에 인간은 자연과 역사에 적응하며 살아갈 수 있었다. 말이 없었다면 먼 곳으로 이동하거나 물건을 운송할 수 없었을 것이다. 말은 교통, 운송, 전쟁 등 인간 활동을 돕는 최고의 일꾼이었다.

말은 경계심이 높아 시각, 청각, 후각, 촉각이 모두 발달한 동물이다. 큰 몸집을 유지하기 위해 거친 풀을 계속 뜯으며 쉬지 않고 움직이는 매우 활동적인 동물이기도 하다. 초식동물 중에서도 특히 온순한 성격 덕분에 길들이기 쉽다. 그래서 인간은 말에게 영적, 정신적 능력까지 있다고 여겼다. 동서양을 막론하고 신화에 말이 자주 등장하는 이유다.

그리스 신화에서 가장 유명한 동물은 말 '페가수스'다. 나무 아래에서 태어난 이 말은 머리에 아름다운 흰 날개가 달려 있어 하늘을 날 수 있었다. 전사 페르세우스가 전쟁에서 압도적 승리를 거둘 수 있었던 것도 바로 페가수스를 탔기 때문이다. 사람들은 페가수스를 마법적 존재로 인식했다. 경주의 천마총에서 출토된 국보 '천마도' 역시, 말이 망자를 사후세계로 인도하는 존재라고 인식되는 과정에서 탄생했다.

망자를 하늘로 인도하는 또 다른 동물이 있으니, 바로 새다. 내가

본 가장 근사한 새 문양 유물은 국립나주박물관과 규슈국립박물관에 전시된 '조족문토기鳥足紋土器'였다. 토기 옆면에 긴 줄처럼 이어진 새 발자국이 도장처럼 찍혀 있는데, 마치 미니멀한 현대 추상화를 보는 듯했다. 죽은 자의 손을 잡고 하늘 저편으로 아스라이 사라져 가는 듯한 느낌이 들었다.

 새는 인간에게는 없는 하늘을 나는 능력을 타고난 동물이다. 하늘과 땅을 자유롭게 오갈 수 있는 능력은 늘 동경의 대상이었다. 광주 신창동 유적지에서는 새 모양 목기가 출토되었다. 새는 기원전부터 풍요를 바라는 농경사회의 상징이었으며 존경과 숭앙의 대상이었다. 사람들은 하늘을 나는 새를 보고 농사의 시작 시기를 판단했다. 고구려 건국신화인 동명왕 이야기에서도 비둘기는 주몽에게 보리 종자를 전해주는 역할을 한다. 우리 선조들은 마을의 큰 나무에 새가 날아와 나뭇잎을 쪼는 시점을 보고 파종 시기를 가늠했다.

고대 사회에서 가장 '트렌디한' 동물 문양은 단연 새라고 말할 수 있다. 새 모양 목기, 새 모양 토기, 새 모양 청동기, 솟대에 앉은 새 등, 새는 다양한 형태로 고대인의 삶 속에 등장했다. 고대 사람들에게 새는 하늘과 땅을 오가는 신령한 동물이었다. 특히 철새는 겨울에 떠났다가 봄에 다시 돌아오는데, 사람들은 이를 '하늘의 메시지를 들고 돌아오는 존재'로 여겼다. 그런 맥락에서 성역의 땅 소도를 상징하는 솟대에 가장 많이 앉는 새가 철새인 오리와 기러기라는 민속학자들의 설명은 충분히 개연성이 있다.

인간과 마지막 순간을 함께하는 존재

동물은 '수렵과 채집의 대상'에서 '가축의 단계'를 넘어 '의미와 상징의 존재'가 되었다. 고대 사회에서 이처럼 드라마틱한 존재의 가치 상승을 경험한 존재가 또 있었을까. 그 절정의 단계가 있다. 바로 인간이 죽을 때 마지막 여정을 함께하는 존재가 되는 것이다. 동물은 사람과 삶을 함께했고, 그 사람의 마지막 순간까지도 함께했다.

고대 영산강 사람들은 떠난 이를 보내는 여정에서 동물을 희생하는 의례를 행했다. 공교롭게도 '희생犧牲'이라는 두 글자의 한자에는 모두 '소牛'가 들어 있다. '희'는 소의 기운을, '생'은 살아 있는 소를 뜻한다. 이를 풀이하면 살아 있는 채로 소를 바친다는 의미가 된다. 앞서 언급한 《삼국지》 위서 동이전의 기록으로 돌아가보자. 마한 사람들은 '소나 말을 타고 다닐 줄은 모르고, 오직 죽은 이를 안장할 때만 사용한다'고 하였다. 장례를 치를 때만 우마를 사용한다는 것은 그것들을 희생 제물로 삼았다는 뜻이다. 다른 지역보다 이러한 행위가 더 빈번했기에 저자 진수는 이를 특별히 강조했을 것이다. 물론 신창동에서 수레바퀴가 발견되면서 운송수단으로도 소나 말을 활용했음이 확인되었지만 말이다.

마한 지역에서는 소와 말을 주로 운송수단이라기보다 '희생의 존재'로 무덤에 함께 넣었다. 나주 복암리 고분에서는 이러한 희생 동물 유물들이 다수 출토되었다. 복암리 1호분에서 발견된 소뼈로 추정되는 유물은, 긴 목을 꺾어 동쪽으로 틀어놓았고 네 다리는 함께 묶인 듯 가운데로 가지런히 모아져 있었다. 복암리 2호분 도랑에서는 소, 말, 개의 뼈가 함께 나왔으며, 복암리 3호분에서는 말 한 마리가 온전히 뼈로 남아 있었다. 복암리 7호분 서쪽 도랑에서는 머리가 없는 소뼈 한 구가 발견되었는데 목을 벤 후 묻은 것으로 보인다. 앞다리와 뒷다리가 가지런히 가운데로 모아져 있는 것으로 보아 생전에 묶여 있었던 듯하다. 지금의 관점으로 보면 잔혹한 공양이 아닐 수 없다.

가야 시대에는 사람을 함께 묻는 '순장殉葬'이라는 장례 문화가 있었다. 대가야의 흔적이 남아 있는 경북 고령의 지산동 고분군 44호분에는 순장된 사람만 무려 40여 명에 이른다. 마한에서는 순장과 같은 형태는 보이지 않지만 동물이 그 역할을 대신했다. 마한인의 무덤에서 발견된 동물들은 '학대받은 동물'이라기보다는 '인간의 정신적 지지자'였음을 표현한 상징적 존재로 해석하는 것이 더 온당하다. 이러한 생각에 이르자 무덤 속 동물들을 보다 불편함 없이, 조금은 여유 있게 바라볼 수 있게 되었다. 드넓은 다시 들판 복암리 고분이나 고분 전시관 한켠에 '마한 사람과 동물의 조각상'이 있었으면 좋겠다. 함께 죽어간 그들을 기리고 떠올릴 수 있도록.

동물은 예나 지금이나 우리 삶에서 매우 중요한 존재다. 전시장을 나서면서 다시금, 동물이 우리 곁에서 함께 써내려온 오랜 역사 앞에 뭉클해질 수밖에 없었다. 아동문학《플랜더스의 개》의 소년 네로와 충직한 늙은 개 파트라슈처럼, 고대 영산강 사람들과 동물도 그러했으리라. 생태철학자이자 생태심리학자인 폴 셰퍼드^{Paul} ^{Shepard}는 "인간의 마음과 생각을 형성하는 데 있어 동물을 빼고는 설명할 수 없다"고 말했다. 이 말은 시대를 거슬러 올라가 고대 영산강 사람과 그들의 동물에게도 그대로 적용된다.

긴 세월 동안 마한인의 삶과 죽음을 지켜주었던 동물들, 그대들 정말 수고 많았어!

정촌 고분의 여성 리더,
마한 사회를 비추다

역사에는 영웅이 등장한다. 마한과 종종 비교되는 '잊혀진 나라' 가야에도 영웅이 있었다. 가야 후손으로 삼국 통일에 기여한 김유신 장군, 파사탑을 갖고 인도양을 건너와 수로왕과 결혼한 당대의 모험가 허황후, 그리고 가야-신라 교체기에도 소리와 가야금을 지켜낸 악성 우륵이 그러한 인물들이다. 역사에 영웅이 등장하면 대중은 그 존재에 환호한다. 가야의 역사는 제대로 기록되지 않아 '잊힌 나라'가 되었지만 이들 영웅 덕분에 가야라는 시대는 지금도 기억된다.

안타깝게도 마한에는 이처럼 이름을 떨치며 서사와 감동을 주는 영웅이 보이지 않는다. 문헌 속 마한은 역사적 인물보다는 문화적 특성에 대해서만 언급된다. 고고학 자료인 유물이나 유적지에 등장하는 구체적 인물도 없다. 그럼에도 마한을 기억할 수 있는 인물을 찾으라면, 나는 나주 정촌 고분의 주인공으로 금동신발을 신었던 여성 리더를 소개하고 싶다.

용이 끄는 금동신발을 신은 40대 여성

정촌 고분은 2014년 나주 복암리 고분전시관 뒤편 잠애산에서 발견되었다. 너비 355센티미터, 길이 483센티미터, 높이 296센티미터 규모의 주검이 안치된 널방을 갖춘 굴식 돌방무덤이었다. 무덤에서 금동신발이 함께 발견되어 뭇사람들이 들떴다. 뛰어난 금속공예 기술과 예술적 감각이 결합된, 지금까지 발굴된 17켤레의 금동신발 중에서도 가장 빼어나고 완벽하게 보존된 것으로 평가받았기 때문이다.

이 신발은 무덤 안에 넣어둔 부장품이다. 무덤의 주인이 저승에서도 신선이 되어 하늘을 날라고 넣어둔 물건이다. 사치품이자 위세품이기에, 무덤의 주인공은 분명한 권력자였을 것이다. 특히 용머리가 달린 신발이라는 점에서 수장급 인물의 무덤으로 추정되기에 충분했다.

그런데 이 신발 안에서 사람의 뼈, 인골이 발견되었다. 단순히 옆에 놓인 것이 아니라 망자가 실제로 신발을 신고 있었던 것이다. 최근 고고학자들은 법의학자들과 협력하여 무덤 속 인골의 신체적 특성을 분석한다. 사람의 뼈는 나이, 성별, 키, 얼굴, 질병 등 다양한 정보를 알려주는 고대 사회의 귀중한 단서다. 이를 통해 사망 원인과 나이, 식습관, 신체 크기 등을 밝혀낸다.

분석 결과는 뜻밖이었다. 처음엔 남성일 것으로 추정되었으나 뼈의 주인은 40대 여성으로 밝혀졌다. 승천하는 용머리가 달린 금동신발을 신고 영산강 유역의 다시 벌판을 다스렸던 마한의 토착 세력 지도자는 바로 40대 여성이었던 것이다.

전문가들은 현대 법의학을 활용해 온전하지 않은 뼈를 컴퓨터 프로그램으로 붙이고 평균적인 피부 두께를 반영해 얼굴을 복원했다. 나는 복암리 고분전시관에서 복원된 그녀의 얼굴을 본 적이 있다. 강인하고 다부진 인상이었다. 상당한 사회적 지위와 경제력을 영위한 권력자 여성이었다. 여성이 권력자가 될 수 있었던 사회, 그것이 마한이었다. 마한은 여성의 역할에 개방적이고 진취적인 사회였던 것이다.

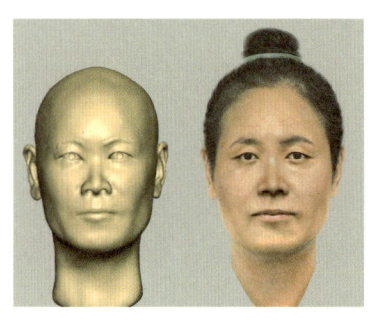

문득 김해 대성동 57호분에 순장돼 있던 가야의 여전사들이 떠올랐다. 대성동 고분은 가야 시대의 무덤이다. 그 시대 여성들은 단지 양육과 내조의 역할에 머물지 않고 나라가 풍전등화의 위기에 처하면 떨쳐 일어나 전장에서 싸웠던 진취적인 이들이었다. 금동신발을 신은 40대 여성과 대성동 고분의 여전사들은 고대 사회를 위풍당당하게 종횡무진한 그 시대의 센 언니 '걸 크러시'들이다.

파리 번데기 껍질이 알려준 고대인의 마음

앞서 언급했듯이 고고유전학과 현대 법의학의 발전으로 우리는 인골을 통해 고대인의 얼굴을 복원할 수 있게 되었다. 그렇다면 고대인의 마음도 알아낼 수 있을까. 마한인이 남긴 무덤과 유적지에서 그들이 사용한 물건은 발굴할 수 있지만, 그들의 마음은 발굴되지 않는다. 과거는 다만 현재를 살아가는 우리를 통해 해석될 뿐이다.

다행히도 과학의 도움을 받아 이 여성을 둘러싼 당대 사람들의 마음의 단편을 엿볼 수 있었다. 정촌 고분의 여성 리더가 신었던 금동신발에서 다량의 파리 번데기 껍질이 발견된 것이다. 파리 유충의 존재는 마한의 독특한 장례 풍습인 '빈장殯葬'을 알려준다. 빈장에는 망자를 천천히, 더디게 떠나보내고 싶은, 여전히 함께 있고 싶은 가족의 마음이 담겨 있다.

빈장은 시신을 관에 넣어 매장하기 전 일정 기간 동안 임시로 안치하는 장례 풍습이다. 바로 묻지 않고 여러 날 안치하는 과정에서 파리 번데기 껍질과 같은 유충이 생긴다. 그 시절 활동한 파리의 종류도 확인되었다. 고고생태학자들은 이 무덤에서 발견된 유충이 '검정뺨금파리 Chrysomyia megacephala'임을 밝혀냈다. 검정뺨금파리는 지금도 정촌 고분 주변에 서식하고 있으며, 5월에서 11월 사이 특히 9월경에 가장 활발히 번식한다. 이로 볼 때 무덤의 주인공도 이 시기 중에 사망했을 가능성이 높다.

사자에 대한 유족들의 정서는 늘 모순적이다. 애정과 공포, 애도와 두려움이 교차한다. 이러한 감정의 균형 관계로 인해 다양한 장례법이 개발되었다. '빈'은 오랜 시간 애도하며 마음속 슬픔을 드러내고, 그 드러냄을 통해 치유하고자 하는 방식이다. 시신에 대한 공포와 부패의 위험을 감수하면서도 '이승에 망자와 더 있고 싶어 했던 마음', 그리움이 있었던 것이다.

오랫동안 애도하며 좋은 이별을 한다

코끼리 연구자 케이틀린 오코넬Caitlin O'Connell은 《코끼리도 장례식장에 간다》라는 책에서 '동물들도 가까운 사이였던 동물이 죽었을 때, 한동안 사체를 옮기고 곁에서 돌보며 땅에 묻고 애도하는 행동을 한다'라고 말했다. 친구를 잃은 말은 혼자 지내며 잘 먹지 않고 불안한 모습을 보일 뿐 아니라 죽은 친구 곁을 떠나려 하지 않는다. 그 죽은 이가 새끼였을 경우는 더욱 가슴이 먹먹하다. 어미 코끼리는 죽어 뻣뻣해진 새끼를 한동안 코로 말아서 들고 다닌다. 아프리카 기니의 작은 침팬지 무리에서는 경험 많은 어미 침팬지가 죽어서 미라가 된 새끼를 거의 70일 동안 안고 다녔다고 한다.

빈장에서 유충이 발생하는 것은 어찌 보면 위험한 일이다. 오랫동안 애도하는 행동에는 육체적이고도 심리적인 큰 대가가 따른다. 죽은 사람 옆에 오래 머무르며 애도하는 과정에서 시신이 부패하거나 전염병이 발생할 가능성도 있다. 심리적으로는 장기간 정신적 고통과 깊은 슬픔을 공유하면서 슬픔이 전염되어 더 큰 스트레스를 유발할 수 있다. 그럼에도 불구하고 마한인들은 빈장을 치렀다. 그들의 애도 방식은 오코넬이 묘사한 동물들의 정서와 닮아 있다. 정촌 고분의 여성 리더가 죽은 후 오랫동안 그 곁을 서성였던 마한인들의 이야기는 결국 가족을 떠나보낸 자리에서 한동안 머무르려 했던 코끼리의 마음과도 같다.

왜 그들은 바로 장례를 치르지 않고 시신을 안치한 채 여러 날 밤낮으로 곡하고 노래를 불렀을까. '좋은 이별'을 하기 위해서다. 좋은 이별을 위해서는 충분한 애도의 시간이 필요하다. 애도는 망자와 살아 있는 우리를 돌아볼 시간을 준다. 슬픔이 표현될 때, 남은 자는 이후의 시간을 살아낼 준비를 할 수 있다. 많은 이들이 함께 슬픔을 표현하는 순간 큰 카타르시스가 찾아온다고 한다. 좋은 이별이란 '죽음을 받아들이고, 죽은 이와의 관계를 새롭게 정립하며, 그 과정을 통해 성장하는 이별'이다. 사랑하는 사람을 추억하며 보내는 시간은 남겨진 이들의 정신을 건강하게 만든다. 그런 의미에서 빈장은 충분한 애도의 시간을 확보하는 방식이자 치유의 통로다.

가을에 활동이 왕성한 정촌 고분의 검정빰금파리는 알에서 번데기로 변하는 데 약 6일이 필요하다. 이는 금동신발을 신은 마한의 40대 여성 리더가 사망한 후 최소 6일 이상 빈장이 이루어졌다는 뜻이다. 안치된 시신 앞에서 6일 넘게 조문이 이어졌던 것이다. 그들은 오랫동안 애도하며 좋은 이별을 실천한 것이다. 깊은 슬픔을 견디며 한 걸음씩 나아간 마한인들, 그들의 이별은 곧 삶을 지속해 가기 위한 마음의 준비였다.

왕인은
마한인이었을까

일찍이 일본에서 한국의 학문 바람, 한류를 이끈 인물이 있었다. 지금도 4월 벚꽃이 흩날릴 즈음이면 전남 영암에서는 그를 기리는 문화축제가 열린다. 매년 축제 기간 중 수천 명의 일본인이 이곳을 찾는다. 일본인들이 한국을 찾아 참배하는 유일한 장소라고 해도 과언이 아니다.

그 인물은 일본에서 학문의 시조이자 문화 전파의 선구자로 추앙받는 왕인 박사다. 일본인들의 왕인에 대한 애정은 각별하다. 오사카부 히라카타시에는 왕인의 묘가 있고, 매년 11월 3일 '왕인 묘 전제'라는 추모 행사가 열린다. 도쿄 우에노 공원에는 왕인을 기리는 기념비도 세워져 있다. 1998년 김대중 대통령이 일본을 국빈 방문했을 당시 일본 천황은 환영 만찬 자리에서 왕인을 다음과 같이 언급했다.

"귀국의 문화는 일본에 큰 영향을 주었습니다. 8세기에 편찬된《일본서기》에는 경전에 밝은 백제의 왕인 박사가 건너와 응신천황의 태자를 가르쳐 태자가 여러 전적에 통달하게 되었다고 기록되어 있습니다."

이처럼 일본은 왕인을 한국 문화의 대표로 인식하며, 그로 인해 고대국가로 발돋움할 수 있었고 이는 천황가의 형성에도 기반이 되었다고 여긴다. 무엇보다 왕인은 '학문의 신'으로 추앙받고 있어 히라카타시의 왕인 신사에는 자녀의 성적 향상과 입시 합격을 기원하는 참배객이 끊이지 않는다.

나는 후쿠오카현 다자이후시에 있는 다자이후 텐만구를 다녀온 적이 있다. 일본에서 학문을 관장하는 가장 유명한 신사로, 9세기~10세기 헤이안 시대의 학자인 스가와라 미치자네菅原道真를 모신 곳이다. 그는 문학과 학문에서 업적을 남긴 인물인데, 일본에서는 왕인이 학문의 기초를 닦은 인물로, 스가와라는 그 전통을 꽃피운 인물로 상징적으로 연결된다.

한일 문화교류의 기원, 왕인

우리는 왕인을 일본 열도에 논어와 천자문을 전하고 아스카 문화 형성에 기여한 백제인으로 배워왔다. 하지만 그에 대한 기록은 《삼국사기》나 《삼국유사》 등 우리 역사책에는 보이지 않는다.

그는 일본의 역사서 《고사기》(712)와 《일본서기》(720)에 기록된 인물이다.

두 역사서에 나오는 왕인 박사 관련 부분은 다음과 같다. 응신천황 16년에 일본이 백제국에 "현명한 사람이 있으면 바쳐라!"라고 요구했고, 이에 따라 왕인 박사가 파견되었다. 이때 그는 논어 열 권과 천자문 한 권, 총 열한 권을 같이 전달했고 일본 문신들의 시조가 되었다고 기록되어 있다.

현대 역사학에서는 응신천황 활동 시기를 야마토 정권 초기 4세기 말에서 5세기 초로 추정한다. 그 시기 일본은 한반도로부터 학문과 문화를 수입하던 시기였다. 아직기는 일본 태자에게 직접 한자를 가르쳤고, 왕인은 논어와 천자문을 교육하며 학문과 문화 전파에 기여했다. 논어와 천자문은 당시 통치 계층이 학습했던 교양 과목이다. 황족 및 고위 관료의 자녀들이 대상이었다. 왕인은 단순히 한자를 가르친 게 아니라 유교적 가치관과 사상, 학문적 기틀을 전수했다.

일본의 역사책에는 신라에서 연못을 만드는 기술자를 파견받았고, 백제 근초고왕으로부터는 말을 받았다는 내용도 있다. 마치 조공을 받은 듯 묘사되어 있지만 실제로는 동아시아 문화교류의 일환이었다. 당시 한반도는 기술과 학문, 제도 면에서 일본보다 앞선 문명권이었으며 이들이 일본으로 전해진 것이다.

따라서 역사적 사실은 단순하다. '왕인이 논어와 천자문을 일본에 전파했고, 일본 태자의 스승이자 문신들의 시조가 되었다'는 것.

문제는 왕인의 출신을 백제로만 단정할 수 있는가 하는 것이다.

영암의 문화적 아이콘, 왕인

왕인 박사의 출신지는 명확히 알려져 있지 않다. 다만 그에 대한 설화와 지명은 오래전부터 전라남도 영암 지역에 전승되어 왔다. 구전 설화의 내용은 의외로 상당히 자세하다. 문자로 기록된 역사보다 더 질기고 생생한 것이 말로 전해지는 설화다. 역사는 당대를 기술한 사람과 집단의 가치관에 따라 얼마든지 윤색될 수 있다. 반면 신화나 설화는 역사가 놓칠 수 있는 진실을 간직한다. 때로는 설화가 역사보다 더 솔직하고 진실에 가까울 수 있다. 설화는 역사의 빈틈을 메우고, 우리에게 상상력을 발동하게 한다. 왕인 설화도 그러하다.

왕인은 전남 영암군 군서면 동구림리 성기동에서 태어났다. 여덟 살 때부터 월출산 주지봉 기슭의 문산재에서 유학과 경전을 공부했고, 월대암 아래의 석굴을 서재로 삼아 학문에 정진했다고 한다. 18세에는 오경박사에 등용되었다고 전해진다.

왕인은 어린 시절부터 비범한 재능과 총명함을 보였다. 그가 태어났다고 전해지는 '성기동'은 말 그대로 성스러운 기운이 서린 곳이라는 의미를 지니고 있다. 이곳에서 왕인의 학문적 재능이 발현되었다. 이 지명 자체가 왕인의 비범함을 강조하고, 그의 출생과 학문적 성공을 신비롭게 만드는 설화적 장치로 작동한다. 이 설화에 따라 한일 문화교류의 기원이 영암에서 시작되었다고 볼 수 있다. 왕인은 단순한 인물을 넘어 영암의 역사적이고 문화적인 상징으로 자리 잡았다. 영암의 왕인 설화는 그를 단순히 회고하는 것이 아니라 그를 기념하고 '문화적 아이콘'으로 의미화하는 기능을 한다.

물론 일제 강점기에 일본이 '일본과 조선이 하나'라는 내선일체를 식민지 통치의 심리적 전술로 삼아 왕인 설화를 조작했다는 비판도 있다. 오래전부터 영암 지역에 전승되어 온, 통일신라 말기에 활동한 도선국사 관련 설화가 왕인 설화로 둔갑했다는 주장이다. 도선국사는 풍수지리 사상의 창시자로 알려져 있으며, 영암 도갑사에 머무르면서 풍수지리를 연구했다고 전해진다. 그는 월출산을 중요한 지맥으로 보고 이 산의 기운이 국가와 지역의 번영을 이끈다고 예언한 인물이다.

하지만 왕인은 일본에서 학문적 성과를 남겼고 지금도 일본인들에게 존경받는 인물이다. 이 사실은 훗날 역으로 우리에게 전달돼 기록되었다. 17세기 조선통신사의 종사관이었던 남용익南龍翼(1628~1692)은 《부상록》에서 왕인을 언급했고, 북학파 실학자 이덕무李德懋(1741~1793)는 저서에서 그를 일본에 유학과 문자를 전한 인물로 묘사했다. 《해동역사》를 집필한 실학자 한치윤韓致奫(1765~1814) 역시 왕인을 일본 유학의 시조로 평가했다. 20세기 초 이병연李秉延(1894~

1977)이 편찬한 지리서《조선환여승람》의 '영암군편'에도 왕인의 기록이 나타난다.

임영진 마한문화원장은《우리가 몰랐던 마한 – 고고학자가 들려주는 마한 이야기》에서 이렇게 말한다. '조작되었다는 것은 영암 출생설을 부정적인 시각에서 보고자 하는 막연한 추정일 뿐이다.' 왕인과 도선의 설화가 중첩된 성기동 지명은, 서로 시기가 다른 문화층이 상하로 중첩된 것과 같은 현상이라는 것이다.

1970년대 들어 우리나라는 지역의 역사적 인물과 유적을 관광자원으로 개발하기 시작했다. 1973년에는 '왕인박사 유적지 조사단'이 구성되었고 1976년 성기동 일대가 전라남도 기념물로 지정되었다. 이어 1985년부터 1987년까지 사당을 비롯한 유적이 정비되기 시작했다. 왕인 박사는 전남 영암을 대표하는 상징적 인물로 자리매김하게 되었다.

오늘날 한일 양국의 역사학자들은 왕인 박사 설화를 내선일체와 같은 식민주의적 시각에서 해석하기보다는 독립적인 학문과 문화 교류의 일환으로 평가한다. 왕인 박사의 문화적 가치는 민족주의나 식민사관의 프레임을 넘어, 학문과 문화의 유산으로 조명되어야 한다.

405년의 왕인은 마한 출신일까

역사서에 등장한 왕인의 도일 시기는 응신천황 16년, 서기로 환산하면 405년이다. 물론 이 연도는 후대의 전승과 일본의 기록이 결합된 것으로, 완전한 역사적 사실로 보기에는 신중함이 필요하다.

왕인은 《일본서기》에서 백제 출신 학자로 기록되어 있어 일반적으로 백제인으로 간주된다. 이병도 박사 이래 이어져 온 학설에 따르면, 백제 근초고왕 369년에 마한을 모두 병합했다고 본다. 이 관점에서 보더라도 백제가 마한을 흡수해 성장한 나라라는 점에서, 영암 출신인 왕인은 마한의 후예라 할 수 있다. 마한은 삼한 중 하나이자 백제의 전신이 되는 국가군의 일부였다. 백제가 마한을 통합하는 과정에서 마한의 문화적, 인적 요소들이 백제에 흡수되었기에, 백제 시대 학자라 하더라도 마한적 뿌리를 가질 수 있다. 왕인은 마한에서 백제로의 통합 시기에 학문과 문화의 발전에 기여한 인물일 수 있다.

405년 당시 백제의 수도는 지금의 서울 일대였다. 학문은 최고의 선진 문물이다. 그 시대에 가장 번화한 수도 서울을 중심으로 발달했을 것이다. 그런 시대에 수도에서 한참 떨어진 영암에서 왕인 같은 고급 지식인이 나올 수 있었을까? 왕인이 도일한 시점인 405년은 백제가 마한을 병합했다는 369년으로부터 채 40년이 지나지 않은 때다. 영암 같은 변방에서 왕인 박사와 같은 큰 학자가 나올 수 있을까. 이제는 시선을 달리해야 한다. 백제의 수도에서 멀리 떨어진 곳에 우연히 뛰어난 학자가 있었다기보다, 영산강 유역의 마한이 독자적인 문화와 지식 기반을 오랫동안 유지해왔으며 그 안에서 왕인과 같은 학식 높은 학자가 성장할 수 있었던 것이다!

고고학 자료는 이를 뒷받침한다. 405년 영암을 포함한 영산강 유역에서 나온 자료들은 마한 세력이 여전히 활발하게 활동하고 있었음을 보여준다. 이 지역에서는 40미터 내외의 거대한 고분들이 축조되었고 일본 열도와의 교류도 활발했다. 왕인의 출생지로 전해지는 성기동은 영산강과 바다가 만나는 곳이었다. 당시 복속된 마한 세력 중 일부는 일본 열도로 이주하기도 했고(이른바 마한계 왜인), 이들은 영산강 유역의 마한 세력과 교류했을 것이다. 독자적인 외교 문서를 작성할 사람이 필요했던 일본이, 어쩌면 마한계 왜인들이 왕인을 모셔간 것은 아닐까.

아쉽게도 왕인 박사와 마한의 직접적 연관성을 입증할 만한 결정적 사료는 아직 발견되지 않았다. 그의 출신과 배경에 대한 보다 구체적인 고고학적·문헌적 증거가 나오기를 기대한다.

규슈 간자키시의 왕인 신사를 다녀오다

영암에서 규슈까지, 왕인은 어떻게 갔을까. 왕인의 뱃길을 상상해보면 흥미롭다. 당시 해양 기술과 마한의 교류 환경을 고려

하면 일본으로 향한 여정은 역사적으로 중요한 사건이다.

후쿠오카를 포함한 규슈 지역은 대마도와 함께 한반도에서 가장 가까운 일본 땅이다. 봄철의 동남풍, 늦가을과 겨울의 북서 계절풍을 이용하면 항해술이 지금처럼 발달하지 않았던 시대에도 일본과의 왕래는 그리 어렵지 않았다고 한다. 특히 영암은 영산강의 관문이고 상대포는 일본으로 향하는 중요한 포구였다.

왕인 박사는 이 상대포에서 출발하여 남해안을 따라 동쪽으로 항해했을 것이다. 목포를 지나 진도의 울돌목을 지나며 진도 벽파정에서 일시 체류했을 수도 있다. 항해 중에는 식량과 물을 보충하고 안전을 도모해야 했다. 이후 완도 남쪽을 지나 여수 거문도를 거쳐 대마도에 도착했을 것이다. 대마도는 고대 한반도와 일본을 잇는 중간 기착지로, 마한과 왜 사이의 교류에서도 중요한 역할을 했을 것으로 보인다.

대마도를 거쳐 규슈 북부 해안을 따라 일본 본토로 이동한 왕인은, 규슈 사가현 간자키 지역을 지나 오사카 방면으로 향했을 것이다. 당시 일본의 야마토 정권은 지금의 나라현을 중심으로 한 야마토 지역에 기반을 두고 있었고, 오사카는 주요 거점 중 하나였다. 현재 오사카에는 왕인의 묘가 있으며, 규슈 간자키시에는 왕인을 기리는 신사가 남아 있다.

2022년 봄, 나는 규슈의 사가현 간자키시에 있는 왕인 신사를 다녀왔다. 간자키시까지의 여정은 꽤 길고 험난했다. 인천공항에서 후쿠오카로, 후쿠오카에서 사가시로, 다시 사가에서 간자키시까지

이동해야 했다. 왕인 신사는 작은 마을의 입구에 있었다.

　신사 입구에는 일본 신사에서 흔히 볼 수 있는 '도리이鳥居'가 있었다. 도리이는 두 개의 기둥과 가로대가 있는 구조로 '이제부터 이곳은 신성한 공간'임을 알리는 경계의 상징이다. 도리이를 지나면 나지막한 계단이 나오고, 그 끝에 누각이 하나 있다. 그 누각 안에는 일본 화가가 기증한 왕인의 초상화가 걸려 있었는데, 스승다운 품격과 인자함이 고스란히 전해졌다.

규슈 서쪽 외딴 마을에 왕인을 기리는 사적이 남아 있는 이유는 무엇일까. 아마도 왕인이 지금의 영암 상대포 항구에서 배를 타고 도착한 첫 기착지였기 때문일 것이다. 그가 얼마나 머물렀는지는 알 수 없지만 도리이 옆 안내문에 '이곳에 오래전부터 왕인 천만궁이라는 비석이 있었다'라고 기록돼 있는 것으로 보아 오래전부터 왕인을 기억하고 추모해온 일본인들이 있었던 듯하다.

이 마을 입구에는 '왕인현창공원'도 조성되어 있었다. 전라남도 영암군과 일본 사가현 간자키시가 협력해 조성한 공간이다. 입구에는 '백제문'이라는 현판이 걸려 있었는데 한편으로는 아쉬움이 남았다. 왕인은 '마한의 심장'이라 불리는 영암 출신이 아닌가. 백제문이 아니라 '마한문'이라 할 수는 없었을까.

백제문을 지나자 왕인이 일본에 전했다는 당시의 '종요 천자문'이 빼곡히 새겨진 비석이 서 있었다. 왕인이 썼다는 모자를 형상화한 기념비도 있었다. 지식과 학문으로 두 나라를 이은 1500년 전 지식인의 모습에 저절로 고개가 숙여졌다.

신록이 막 푸르러지기 시작한 계절이었다. 왕인 신사 마당에 들어선 나뭇잎들이 햇빛을 받아 반짝이고 있었다. 이곳에 처음 발을 디딘 왕인의 마음은 어땠을까. 천자문을 품고 바다를 건넜지만 그의 뿌리는 여전히 마한의 산과 영산강의 물결, 고향 들녘에 있었으리라. 낯설지만 결연했을 그의 발걸음을 마음으로 따라가보았다.

마한의 히트템,
구슬과 문신

　　　　　문화 콘텐츠의 시대라 불린다. 세계인의 주목을 받는 문화 콘텐츠는 단지 마음을 사로잡는 것을 넘어, 경제적 효과까지 거둘 수 있는 힘을 지닌다. 넷플릭스 한국 오리지널 시리즈 〈오징어게임〉이 그 대표적 사례다. 이처럼 매력적인 문화 콘텐츠를 만들기 위해서는 우리의 '문화 원형'을 찾는 일이 중요하다. 문화 원형은 고유의 차별성을 만들어주는 뿌리이기 때문이다. 그것은 타인에게 신선한 매력을 전달하고, 나아가 독창적인 문화 브랜드로 확장될 수 있다.

　　삼한은 우리 문화의 원형인 '한韓'이 시작된 시대다. 그러므로 우리 문화의 기원을 이해하기 위해서는 마한을 들여다봐야 한다. 마한을 토대로 우리는 독창적인 콘텐츠를 기획하고 창조할 수 있다. 그 원형의 사례로 여기서는 구슬과 문신을 주목하고자 한다. 구슬은 마한의 스와로브스키였고, 문신은 마한의 타투였다. 인류는 복식 이전부터 신체를 장식해왔다. 마한 역시 미적 표현 수단을 통해 문화적 정체성을 표현했다. 구슬과 문신은 마한 사회의 미감과 문화적 특성을 이해하는 데 유의미한 단서다.

마한의 트렌드는 '황금'이 아닌 '구슬'이었다

다이아몬드, 사파이어, 에메랄드, 루비, 토파즈… 지금 우리가 알고 있는 대표적인 보석들이다. 다이아몬드가 절대적인 인기를 누리는 시대지만, 시대와 지역에 따라 귀히 여기는 보석은 달라질 수 있다.

역사적으로 고대 권력자들이 선호했던 것은 대체로 '황금'이었다. 황금은 태양처럼 빛나는 광채를 가졌고 불멸과 영원을 상징하기 때문이다. 이집트의 파라오는 투탕카멘 황금 가면을 썼고, 그리스 왕은 아가멤논 황금 마스크를, 신라의 왕은 금관을 썼다. 황금을 숭상하는 문화는 이집트에서 한반도까지 동일했다.

그러나 마한은 이러한 흐름과는 다른 취향의 보유자들이었다.

'그들은 영瓔(옥처럼 아름다운 돌)과 주珠(진주)를 보배로 여겨 옷에 달아 장식을 하기도 하고, 또는 경병頸䫌(빛나는 병기) 같은 것을 목이나 귀에 걸어 늘어뜨리기도 한다. 그들은 금은이나 비단 같은 것을 보배로 여기지 않는다.'
―《삼국지》, 위서 동이전 한조

당시 삼국에서 유행하던 트렌드는 금이었다. 고분에서 출토되는 금 장신구는 죽은 자의 신분과 권력을 상징했다. 신라가 금을 소중히 다룬 것은 모두가 다 아는 사실이다. 고구려 역시 문헌에 따르면 '옥과 구슬을 보배로 여기지 않는다'고 했다.

그러나 마한인들은 이들과 다른 미적 기준을 갖고 유행을 선도했다. 마한 사람들은 금은에 특별한 가치를 두지 않았고, 대신 구슬을 귀히 여겼다. 구슬은 단순한 장식품이 아니라 망자의 권력과 지위를 상징하는 부장품이었으며, 영산강 마한인들의 취향과 유행을 대변하는 명품 아이템이었다. 마한 사회에서 구슬은 자기를 표현하고 가치를 드러내는 필수품이었다. 마한인의 머스트 해브 아이템은 바로 구슬이었다.

실제 영산강 유역의 고분에서는 빨강, 주황, 노랑 등 다양한 색감의 유리구슬이 출토되었고, 그 형태 역시 둥근 모양, 대롱 모양, 굽은 모양 등으로 매우 다양하다. 구슬의 재료 역시 유리, 수정, 호박, 마노, 천하석 등 다양한 종류로 제작되었다. 형태로는 곡옥, 원통옥, 환옥, 다면옥 등이 있다. 특히 마한 지역인 담양 태목리 유적에서는 구슬 제작틀이 발견되기도 했다. 이는 마한에서 직접 구슬을 제작했음을 시사한다.

중국에서 수입해온 구슬도 있었겠지만 일부는 바닷길을 따라 영산강 유역으로 유입되었을 가능성이 크다. 동남아시아, 특히 베트남과 같은 지역에서 건너왔을 것으로 추정된다. 오늘날 베트남 정부가 유네스코 세계유산 등재를 추진 중인 '옥에오Óc Eo 유적은 1세

기부터 7세기까지 남부 메콩강 삼각주를 중심으로 번성한 고대 문명의 흔적이 남아 있는 곳이다. 이 유적은 1943년 프랑스 고고학자에 의해 처음 알려졌고 현재까지도 지속적으로 발굴이 이루어지고 있다.

    이곳에서 유리는 물론 금, 수정, 마노, 석류석 등으로 만든 목걸이와 팔찌 등 다량의 장신구가 출토되어 '장신구의 황금 시대'라는 별칭을 얻었다. 특히 놀라운 점은 옥에오 유적에서 다량으로 출토된 옥구슬이 우리나라 남부 마한, 가야 지역의 구슬과 유사하다는 것이다.

베트남은 옹관 문화를 공유한 지역이며, 지정학적으로도 중국과 동남아시아를 잇는 해양 교역의 요지였다. 옹관을 공유했듯이 마한과 베트남은 구슬을 통해 문화적 접점을 가졌을 가능성이 충분하다. 그 바닷길을 따라 그렇게 '구슬'이라는 글로벌 트렌드는 이미 그때부터 형성되고 있었는지도 모른다.

문신한 마한의 남자들

마한의 문화를 이해하기 위해 《삼국지》 위서 동이전의 기록을 찬찬히 살펴보던 중에 특히 다음 구절에 눈이 번쩍 뜨였다.

'남자들은 때때로 문신을 새기기도 한다.'

마한의 남자들은 몸에 문신을 새기며 자신을 드러냈다. 문신은 생살에 바늘을 찔러 염료를 주입하는, 극심한 신체적 고통을 수반하는 행위다. 그 고통을 감수하면서까지 문신을 새긴 이유는 무엇이었을까. 그것은 자신이 속한 지위나 계급을 표시하기 위해서였을 수도 있고, 외부로부터 자신을 보호하려는 주술적 의미에서 비롯되었을 수도 있다. 혹은 성적 매력을 어필하거나 하늘의 복을 기원하는 상징적 행위였을지도 모른다.

문신의 습속은 변한과 진한에도 존재했다. 중국의 역사책 《후한서》는 '변진은 왜구와의 거리가 가깝기 때문에 문신한 사람이 많다'고 전하고 있다. 마한에 대해서도 '남쪽 경계가 왜에 가까워 문신한 사람도 있다'고 했다. 삼한 사회는 부족 중심의 연맹체로 이루어졌기에 집단의 정체성을 강화하는 수단이 중요했고, 문신은 중요한 도구였다. 주술적 보호, 신분 표시, 종교적 의미 등으로 문신이 활용되었고 이는 집단 간 결속을 강화하거나 타 부족과의 차별을 드러내는 데 기여했다. 전사나 지도자, 제사장 등은 문신을 통해 자신의 신분이나 지위를 나타냈다.

> '왜의 남자는 어른과 아이 구별 없이 모두 얼굴과 몸에 문신을 한다. …지금 왜의 어부들은 바다에 들어가 물고기와 조개를 잘 잡는데, 문신은 원래 큰 물고기나 바다짐승을 피하기 위한 것이었으나 후에 와서 점차 장식으로 쓰게 되었다. 나라마다 문신에는 차이가 있다. 왼쪽 혹은 오른쪽에, 크게 혹은 작게 하는데, 지위의 높고 낮음에 따라 구별된다.'
> —《삼국지》, 위서 동이전 왜조

이 기록으로 유추해볼 때 당시 문신 문화가 가장 활발했던 곳은 일본 열도로 짐작된다. 해양 활동에 종사하던 이들은 문신을 악령과 재앙을 막기 위한 주술적 방어 수단으로 활용했으며 이러한 문화는 일본 열도와 가까운 삼한 지역으로 확산되었다. 일본과 삼한의 문화 교류 아이템 문신은 동아시아 고대 사회의 '글로벌 트렌드'였던 셈이다. 이후 불교와 유교가 도입되면서 문신 문화는 점차 쇠퇴했다.

국가에 저항하는 사회, 마한

마한은 고대 국가로 이행하지 못하고 결국 백제에 통합되면서 역사 속으로 사라졌다. 국가는 지배와 피지배의 위계가 명확하고 통치 질서와 네트워크가 견고한 체제다. 그렇다면 국가 단계로 이행하지 못한 사회는 모두 역사에서 소멸할 수밖에 없을까? 그 단계까지 이행하지 못했다 해도, 평등, 포용, 평화를 지향했던 사회도 존재하지 않았을까?

《삼국지》위서 동이전에 마한의 풍속을 설명하는 다음과 같은 구절이 있다.

'그곳 풍속은 기강이 서 있지 않아서 나라에는 주수가 있지만 지방은 무질서하게 섞여 있으므로 서로 제어할 수가 없다.'
'그들은 꿇어앉아 절하는 예절이 없다.'

진수는 마한을 '기강이 서 있지 않은 사회'로 묘사했다. 이는 달리 말하면 권력 서열이 정해지지 않고 위계가 분명하지 않다는 뜻이다.

주수主帥는 통솔자, 통치자를 말한다. 각 마을마다 나라마다 통솔자는 있지만, 각각의 지방이 동등한 위치이기 때문에 권력으로 타국을 통치하거나 제압하기가 어렵다는 뜻이다. '꿇어앉아 절하지 않는다'는 말은 상하 관계보다는 평등한 인간관계가 지배적이었음을 시사한다.

이러한 평등과 평화의 의식은 마한 땅에 대대로 이어져 내려온 정신적 원형, 즉 집단의 DNA라 할 수 있다. 백제는 영산강 일대를 끝내 완전히 장악하지 못했고, 광주학생독립운동과 1980년 5월 광주민주화운동까지 마한의 후예들은 평등과 평화에 대한 강인한 의지로 끝까지 싸웠다. 마한에서부터 시작된 정신이 시대를 이어오며 이 지역의 사람들의 공동체 유전자로 이어져 온 것은 아닐까.

프랑스 인류학자 피에르 클라스트르Pierre Clastres는 1971년《국가에 저항하는 사회》에서 국가 형성에 대해 독특한 통찰을 제시했다. 그는 국가 단계로 이행하지 못한 사회를 미개하거나 불완전한 것으로 보지 않았다. 그는 남미의 수장제 사회를 분석하면서 오히려 그러한 사회는 '독립적이면서 완성된 사회'라고 말했다. 역사적으로도 지금도 국가의 형성을 '악'이라 규정하고 국가로 나아가는 데 저항한 사회가 있다. 단순히 '국가를 형성한 사회'가 아닌 '국가에 저항한 사회'가 존재한다는 것이다.

제임스 C. 스콧James C. Scott 역시《국가에 반하는 예술: 동남아시아 저지대의 무정부주의 역사》에서 역사를 단순히 '국가의 발전' 과정으로만 설명하지 않았다. 그동안의 역사는 국가 권력의 일방적인 발전 서사였다. 스콧은 중심부 권력에 종속되지 않으려는 주변부 공동체의 저항과 자율적 선택을 강조한다. 국가와 개인, 집단의 관계를 새롭게 이해할 수 있는 시각이다.

마한은 부족 연맹체를 기반으로 한 분산된 정치 구조와 공동체 중심의 생활 방식, 외부 세력에 대한 저항을 보여주었다. 이에 마한 사회를 '국가에 저항하는 사회'의 모델로 분석할 수 있다. 각 부족이나 소국은 자치적이고 독립적인 정치 체제를 유지하며 초기 국가 형성에 저항했다. 아파트형 고분 등 공동체 중심의 생활방식은 중앙집권적 권력 형성에 자연하게 저항할 수 있었던 힘이었다. 백제가 마한 소국들을 점차 통합해가는 과정에서, 일부 소국은 백제에 강력히 저항하며 오랜 기간 독립성을 유지하며 전통적 사회의 저항을 보여주었다. 마한은 국가 권력의 형성과 집중에 맞서 자율적이고 분권적인 구조를 유지하려 했던 대표적인 사회다.

마한은 고대 한국사에서 '자율성'과 '분권성'의 상징이다. 좋은 문화 콘텐츠의 원형은 자유로움에서 탄생한다. 자유로움은 미적 표현을 활발하게 하고, 사회의 문화적 풍요로움과 다양성을 진전시킨다. 지배와 피지배라는 틀을 거부했던 마한은 국가가 되지 못한 사회가 아니라 스스로 국가 형성을 거부한 '국가에 저항한 사회'였다. 이것은 능동적인 정치·문화적 선택이었다. 바로 이러한 사회에서 진정한 문화 원형은 더욱 빛난다.

요시노가리 역사공원을
배워야 할 이유

　　　　　이탈리아의 폼페이 유적, 멕시코의 테오티우아칸, 요르단의 페트라 유적 등은 세계인의 발길이 끊이지 않는 명소다. 이들 유적지는 모두 고고학 발굴지를 역사문화공원으로 조성한 대표적인 사례다.

　폼페이는 베수비오 화산 폭발로 도시 전체가 매몰된 고대 도시를 그대로 보존한 채 관광지로 조성했고, 테오티우아칸은 1세기부터 7세기까지 존속한 고대 도시의 피라미드와 대형 건축물들을 중심으로 역사문화공원을 만들었다. 바위를 깎아 만든 페트라는 유적과 자연경관이 조화를 이루는 역사문화공원으로 관리되고 있다.

　고고학 발굴지를 역사문화공원으로 조성할 수 있다면 얼마나 좋을까? 이는 많은 고고학자들의 꿈이자 희망일 것이다. 유적을 보존하면서 교육적 자원으로 활용하고, 동시에 관광 자원화하여 지역

경제를 활성화하는 훌륭한 사례가 될 수 있기 때문이다.

그러나 경제성과 효율성을 중시하는 오늘날, 고고학 발굴지를 역사문화공원으로 만드는 것은 결코 쉬운 일이 아니다. 상당한 면적의 토지를 공공의 이름으로 매입해야 하기에 지방정부나 중앙정부가 감당해야 할 재정적 부담이 크다. 그 이전에 개발과 보존을 둘러싼 지역사회 내부의 갈등도 피할 수 없다.

그런데 이처럼 실현하기 어려운 이상을 실제로 구현해낸 사례가 멀리 이탈리아나 멕시코, 요르단에만 있는 것이 아니다. 우리나라에서 가까운 일본, 규슈 사가현에 있는 '요시노가리 역사공원'이 바로 그곳이다. 이곳은 2300년 전 일본 철기 시대의 마을 유적지를 통째로 복원해 역사교육 공간으로 만들고 관광지로 재탄생시켰다.

야요이의 목소리가 들린다

역사 유적을 소중히 여기는 일본인들의 마음이 늘 궁금했다. 그래서 언젠가는 요시노가리 역사공원을 꼭 가보고 싶었다. 다행히 규슈 간자키시에 있는 왕인 신사에서 가까운 거리에 있어서, 왕인 신사를 둘러본 뒤 곧장 요시노가리 역사공원으로 향했다.

야요이 시대 최대 규모의 유적인 요시노가리 역사공원은 예상보다 훨씬 광활했다. 야요이 시대는 한반도와 중국 남부에서 도래한 이들이 벼농사 기술 등을 전파하며 형성한 시기로, 일본 초기 국가 형성의 중요한 단서를 제공한다. 우리 고대사와도 밀접한 관련이 있으며 광주의 신창동 유적과도 양상이 유사하다.

요시노가리 역사공원의 입구는 방향으로 사방을 구분하는 일본인의 습성대로 모두 네 곳이다. 동쪽 입구, 서쪽 입구, 남쪽 입구, 북쪽 입구가 다르니 잘 찾아가야 한다. 우리는 동쪽 입구 주차장에 차를 세우고 오전 11시 30분경 입구에 도착했다. 입장료는 일반 성인 기준 460엔, 주차비는 310엔이다.

입장권을 제시하고 공원 내부로 들어서면 구름다리가 나오고 환호 취락이 펼쳐진다. 전시실, 남내곽, 북내곽, 중간마을을 거쳐 요시노가리의 하이라이트인 '북분구묘'에 이르면 야요이 시대의 주요 유적들을 모두 둘러보게 된다.

남내곽과 북내곽의 입구에는 늘 도리이가 서 있고, 그 위엔 새가 앉아 있다. 새는 신성함의 상징이다. 우리나라 마한의 소도에서도 장대 끝에 새를 올려 세운 솟대를 볼 수 있는데 이는 곧 신성한 기운이 머무는 곳임을 나타낸다. 요시노가리도 마찬가지였다.

'남내곽'은 지위가 높은 이들이 거주하던 지역으로 '수혈식 주거'와 망루 등이 복원되어 있다. 주거 내부에는 음식을 조리하던 공간, 옷감을 짜던 공간 등 생활공간도 구체적으로 재현되어 있다. 남내곽과 북내곽 사이의 중간마을에는 고상가옥과 고상창고가 줄지어 서 있어, 당시의 마을 모습을 입체적으로 보여준다.

'북내곽'은 공동체의 공적 시설들이 복원되어 있는 곳이다. 가장 높고 가장 큰 건물은 '주제전'이라 불리는 중심 공간으로, 나무계단을 따라 올라가면 지도자들이 중요한 사안을 논의하는 장면이 연출

되어 있다. 일종의 국무회의가 열리는 장면이다. 또 한편에는 제사장이 제사 또는 기도를 올리는 장면도 재현되어 있는데, 특이하게도 제사장이 여성이다. 나무 덩굴을 몸에 두르고 작은 대나무를 손에 든 채 거문고 소리에 맞춰 신의 강림을 기다리고 있다. 신이 내려 계시를 주면, 제사장의 수행원들이 이를 다른 지도자들에게 전달한다. 제정일치 시대, 제사장은 곧 권력자였음을 보여주는 장면이다.

제사장을 여성으로 설정한 이유는 무엇일까. 전시실의 자료를 살펴보니 이 유적지에서 발견된 제사장의 유골이 여성으로 추정돼 이를 바탕으로 무녀의 이미지를 설정했다고 한다.

요시노가리 역사공원은 문자 기록이 남아 있지 않은 시대의 사람들 삶에 대한 상상력을 폭넓게 자극한다. 고상가옥과 고상창고는 가야 시대 상형토기에도 등장한다. 경상남도 김해의 봉황대 유적에도 고상가옥이 복원되어 있지만 요시노가리는 그 수준을 한층 더 끌어올렸다. 고상가옥 내부에 제사용 토기와 직물을 배치하는 등, 공간의 기능과 분위기까지 세심하게 복원해냈다. 디테일의 힘이다.

정오를 지나 요시노가리를 돌다 보니 사가현의 볕이 따가웠다. 전시실부터 남내곽, 북내곽, 중간마을, 북분구묘까지 관람을 마치고 순환버스를 타고 입구로 이동했다. 시계를 보니 관람에 꼬박 1시간 30분이 걸렸다. 요시노가리 유적지 안에는 순환버스가 1시간에 2~3회 운행된다. 환호취락 입구, 고대 식물관, 북분구묘, 북내곽 하단, 서쪽 출입구 등을 순환하니 효율적으로 활용하면 좋다.

요시노가리는 걷는 시간이 길다. 햇볕이 강하지 않은 이른 오전에 산책하듯 가벼운 마음으로 다녀오는 것을 추천한다.

요시노가리를 넘어서자

요시노가리 역사공원은 일본 규슈 사가현 간자키시 세 개의 마을에 걸쳐 있다. 1988년 공업단지를 개발하기 위해 땅을 파던 중 대규모 선사 시대 유적이 발견되면서 이야기가 시작되었다. 그리고 1998년 일본 정부는 큰 결단을 내린다. 개발보다 보존을 선택한 것이다. 예정되어 있던 공단 조성 계획을 전면 철회하고 이 일대를 유적공원으로 조성하기로 한다. 요시노가리 유적이 일본 야요이 시대 최대 규모의 유적으로 평가되면서, 개발이 진행될 경우 중요한 고고학 자원이 훼손될 수 있다는 우려가 컸기 때문이다.

유적을 보존하고 후세에 남겨야 한다는 여론은 점차 사회 전반으로 확산되었고, 이는 정치적으로도 무시할 수 없는 힘으로 작용했다. 문화 관광자원으로서의 잠재력, 유네스코 세계문화유산 등재 가능성 등도 고려된 것으로 보인다.

일본 정부는 이처럼 요시노가리 유적의 학문적, 문화적, 경제적 가치를 종합적으로 판단해 공단 조성을 포기하고 역사공원으로 만드는 방향을 선택했다. 25년이 지난 지금, 이 결정은 개발과 보존의 갈림길에서 역사적 가치를 존중하고 문화유산을 지켜낸 모범적 선택으로 평가받고 있다.

물론 모든 것이 완벽한 것은 아니었다. 전시 내용과 연출은 다소 부족했고, 요시노가리 유적을 깊이 이해할 수 있는 자료나 해설서도 많지 않았다. 이 공간이 충분한 역사적 고증을 거쳐 조성되었는지도 다소 의문이 들었지만, 일본인 특유의 꼼꼼함을 떠올리면 정확히 고증했으리라 추정은 한다.

그럼에도 불구하고 우리나라의 현실과 비교하면 부러운 마음이 앞선다. 우리는 수많은 선사, 고대사의 유적지를 파괴하고 그 위에 도로를 놓거나 아파트 단지를 짓지 않았나. 한국 최대 규모의 신석기, 청동기, 초기 철기 시대를 아우르는, 춘천의 대규모 유적지 중도는 결국 파괴되어 땅속에 묻혀버렸다. 레고랜드를 만들기 위해서다. 우리 사회는 그때나 지금이나 대규모 자본이 오가는 도로, 아파트, 공단 건설을 더 중요하다고 여겨 유적지를 땅속에 묻어버리는 일들이 많다.

그런 상황에서 요시노가리 역사공원은 부러울 수밖에 없다. 그 넓은 땅을 온전히 역사공원으로 조성해낸 일본인들의 공공성과 역사 인식은 존경스럽기까지 하다.

사가현이 도쿄나 오사카 같은 대도시가 아닌 지방의 소도시라는 점에서 가능했을 수도 있다. 관광자원이 부족한 사가현에게 요시노가리는 외부 관광객을 유입시키기 위한 지역 개발 프로젝트였을지도 모른다. 공단을 개발하면 단기적 경제이익은 얻겠지만, 유적을 역사공원으로 만들면 장기적으로 관광 수익과 지역 경제 활성화라는 더 큰 효과를 기대할 수 있겠다고 판단했을 것이다.

우리나라도 '역사문화권 정비 등에 관한 특별법' 등을 통해 문화유산을 중심으로 지역 자긍심을 고취하고 문화 관광지로서 지역경제를 활성화할 수 있는 길이 열리고 있다. 하지만 그전에 연구, 조사, 발굴이라는 기본이 선행되지 않는다면 아무 소용이 없다. 이러한 토대 없이 돈을 투자해 시설 만들기에만 급급해서는 안 될 일이다. 시설만 지어 놓고 그 안을 채울 콘텐츠가 없다면 역사적 가치도, 관광지로서의 매력도 없을 테다. 관광객들은 생각보다 콘텐츠에 민감하게 반응한다.

요시노가리 역사공원과 같은 대규모 역사 유적공원을 우리도 만들 수 있을까?

요시노가리는 일본 야요이 시대를 대표하는 유적으로 고대 국가 형성의 단서를 제공하는 중요한 공간이다. 이에 비견할 수 있는 우리 유적으로는 마한의 신창동 유적이 있다. 그러나 현재 이곳은 호남고속도로로 인해 두 동강이 나 있는 상태다. 다행히 고속도로 양옆 지역이 보존되어 있어, 훗날 확장공사를 할 때 우회로를 조성해 동강난 공간을 복원할 가능성은 남아 있다.

신창동 유적을 역사공원으로 확대하여 보존할 수 있다면 얼마나 좋을까. 민주주의의 성지인 광주가 이 땅의 고대사까지 아우르는 파노라마 같은 공간을 품게 된다면 더욱 매력적인 도시가 될 것이다. 고대 마한 문화의 숨결을 체감할 수 있는 역사공원은 현재를 사는 우리에게도 시간과 공간을 초월한 감동을 선사할 것이다.

이곳이 마한의 땅이었음을 자각하고 역사적 자긍심을 고취하는 멋진 공간이 될 수 있지 않을까. 그 공간에서 아이들은 꿈을 꾸고, 또 다른 역사를 써 내려갈 것이다.

• 에필로그 •

오래된 것들을 좋아하는 마음이 있다

　어려서부터 어머니에게서 자주 들었던 말이 있다. "새집에서 살지 말고 헌 집에서 살라"는 말씀. 교회 권사인 어머니였지만 의도치 않은 기회에 나의 사주풀이를 들으신 모양이었다. 어머니는 딸을 사랑하는 마음으로, 내가 잊지 않도록 그 얘기를 반복해서 말씀해 오셨다.

　생각해보니 사주나 운명까지 가지 않더라도 그 말씀은 내가 좋아하는 취향과도 맞는 예언이었다. 나는 대학 진로를 결정할 때도 비교적 오래된 것을 다루는 고고학과 미술사를 공부하는 학과를 선택했다. 시간이 갈수록 나이가 들수록, 더욱 오래된 것 오래된 곳을 좋아하는 마음이 커졌고 그 취향도 분명해졌다. 새로운 건축 양식과 새로운 아이템이 즐비한 트렌디한 장소도 좋아하지만, 자연 속에 오래도록 있었던 사찰이나 서원, 고분에 오르는 것을 더 좋아한다.

오래된 것들은 다 아름답다

내가 오래된 것을 좋아하는 것은 이유가 있다. 시인 박노해의 시 〈오래된 것들은 다 아름답다〉에 그 답이 있다. 시인은 오래됨의 아름다움은 시간에서 온다고 했다. 시간은 아름다움을 빚어내는 거장의 손길이고, 시간을 견뎌낸 것들은 빛나는 얼굴이 살아난다고 했다. 나주 벌판에서 마한의 무덤을 만나고 박물관에서 옹관을 마주대하면서 아름다움을 보았다. 시간의 견뎌냄을 통해 빛나는 얼굴이 살아났음을 확인했다.

낡은 석탑과 갈라진 틈은 어디선가 날아온 풀씨와 이끼의 집이 되고 빛바래고 삭은 토기는 은은한 색감으로 깊어진다. 오래된 것의 멋이다. 사람 또한 마찬가지여서 자기 시대의 풍상을 온몸에 새기며 옳은 길을 오래오래 걸어 나가는 사람, 그런 오래된 사람이 아름답다.

이 여행기를 쓰는 내내 이국땅 독일에서 살다 지금은 하늘로 떠난 허수경 시인을 떠올렸다. 그녀는 고고학자이기도 했다. 시인이자 고고학자였던 그녀가 써 내려간 산문집《나는 발굴지에 있었다》를 자주 들추어보았다. 그녀의 감성을 닮고 싶어서였기도 했지만, 오래된 것을 좋아하는 나와 같은 부류의 감성을 지녔을 그녀를 계속 기억하고 싶어서였다. 그녀가 책 서두에 쓴 구절이다.

'결국 과거를 들여다보는 자의 내면에는 미래를 점치고 싶은 마음이 있으며 미래를 점치려는 내면에는 현재의 문제를 분석하려는 마음이 있기 마련이다. 그런데 왜, 현재인가? 그 시간, 현재라는 시간만을 인간이 생물학적으로 살아가기 때문이다. 그 현재라는 인간의 시간만이 나와 너를 이렇게 바라보게 하는 것이다.'

마한을 들여다보는 마음도 미래를 점치고 현재의 문제를 분석하려는 마음이다. 마한은 잊힌 나라가 아니라 나와 이곳을 살아가는 우리의 마음속에 여전히 움직이는 살아 있는 현재다. 오래된 것과 새로운 것의 구분은 영원하지 않다. 우리의 현재도 곧 저물고 시들어 오래된 것, 오래된 곳이 된다. 우리가 현재를 살아가는 도시나 마을도 고고학적인 상상력에 의하면 언젠가는 발굴할 수 있는 잠정적인 후보에 불과하다.

영원히 지속되는 도시는 없다. 지금은 번화한 도시인 로스앤젤레스도 버석이는 거센 잡풀로만 이루어진 스텝이었다.

마한, 내 영혼의 토포필리아를 찾아서

토포필리아Topophilia라는 말이 있다. 장소(Topos)와 사랑(Philia)의 합성어로, 인간이 특정 장소에 정서적, 문화적 유대감을 느끼는 감정을 말한다. 특정 공간이 아주 오래된 역사를 갖고 현재까지 이어진 곳, 여러 세대의 이야기가 다층적이고 중첩적으로 쌓인 곳임을 알아갈 때 그 공간은 나의 '장소'가 된다.

문화유산과 유적지처럼 오래된 곳들은 토포필리아를 느끼기에 적합한 공간이다. 오래된 곳은 경험과 삶, 애착이 담겨 있는 '장소'가 된다. 깊은 정과 사랑의 대상이자 기쁨의 원천이다. 영산강의 물결과 옹관묘의 흔적에서 자연과 인간, 과거와 현재가 이어지는 공간에 대한 깊은 애정을 느낄 수 있다. 마한의 땅은 단순한 과거가 아니라 기억과 감정이 살아 숨 쉬는 장소로서 우리의 토포필리아적 감정을 자극하는 특별한 공간이다. 지난 3년간의 마한 여행은 사실 내 인생의 토포필리아를 찾아가는 여정이었다.

우리는 어떻게 마한의 유적지에서 토포필리아를 느낄 수 있을까. 어찌하면 장소를 향한 사랑을 배우는 여행을 할 수 있을까.

오랫동안 공간 속에 머무는 방법을 추천한다. 단순히 사진만 찍고 지나치는 것이 아니라 그곳에 오래 머무르며 조용히 관찰하고 생각에 잠기면 장소와 교감할 수 있다. 잠시 마한의 무덤 앞에 앉아 그곳의 소리와 바람을 느끼며 시간을 음미해보는 것이다.

시각, 청각, 후각, 미각, 촉각 등 오감을 총동원해서 느껴본다. 예를 들어 영산강의 물소리를 듣는 것도 좋다. 오래전부터 영산강 도보 답사는 내 버킷리스트였다. 영산강 물길은 거리로 따지면 약 130킬로미터다. 이 길을 일곱 개 구간으로 나누어 걸었다. 하루에 일곱 시간 걸으면 15킬로미터를 걷게 된다. 시원인 담양의 용소도 확인했고 담양의 하천 습지에서 지아대교를 건너 풍영정까지 걸어보기도 했다. 나주 인근 죽산보와 승천보에서는 새벽 풍경을 보았다. 무안에 이르러 느러지와 몽탄노적을 걸었다. 대장정의 막은 영산강 하굿둑에서 강물 위로 떠오르는 태양과 함께 맞이했다. 그때 들렸던 영산강의 물소리는 생동감 넘치는 자연의 합창 같았다. 잠든 감각을 한꺼번에 깨우는 듯한 강렬함으로, 마음의 평화를 주는 고요한 명상으로 시시각각 달라졌다. 그 소리의 기억이 영산강을 각별하게 만들었다.

계절의 변화를 경험하는 것도 토포필리아를 느끼는 좋은 방법이다. 봄의 벚꽃, 여름의 신록과 배롱나무, 가을의 오색 단풍, 겨울의 흰눈처럼 계절마다 다른 풍경과 감정을 마한의 무덤과 결합해 경험해보는 것. 광주 신창동 유적지에 가보고, 나주 복암리 고분에 오르고, 담양에 있는 영산강의 시원 용소를 한 번 가봤다고 바로 토포필리아가 느껴지지는 않을 것이다. 미리 말하지만 토포필리아를 느끼는 데는 '순간'이 아닌 '한참의 시간'이 필요할 수도 있다.

그 느낌이 매순간 강렬하게 오지 않을 수도 있다. 불타오르는 감정이 아니라 사랑의 열병이 지난 후의 잔열과 같은 것이다. 토포필리아는 수년에 걸쳐 반복되어 쌓이는, 그러나 대부분은 찰나적이고 강렬하지 않은 경험의 산물이다. 시간이 지나야 하고 시간을 견뎌내야 한다.

마한 유적지를 자주 가볼수록, 마한의 유물을 많이 만날수록, 그곳에서 움직이지 않고 멈출 때 토포필리아의 순간이 온다. 조금만 더 가보자. 어쩌면 누군가와 첫눈에 사랑에 빠지듯, 마한의 어떤 장소가 당신을 첫눈에 사로잡을지 모른다. 그러한 행운도 믿으시라.

사진 제공

국립광주박물관	58면
국립나주박물관	46면, 58면, 224면, 251면
김환	57면, 73면, 77면, 84면, 123면, 132면, 140면, 159면, 169면, 172면, 184면, 190면, 193면, 194면, 212면, 215면, 219면, 221면, 235면, 238면, 239면, 243면, 253면, 260면, 264면, 281면, 288면, 291면, 293면, 296면
안재영	25면, 88면, 115면, 208면

* 위 출처 외의 사진은 저자가 촬영함

잊혀진 나라 마한 여행기
: 고대국가 마한을 걷고 해석하고 기록하다

초판 1쇄 발행일 2025년 7월 15일

지은이 정은영
펴낸이 김현관
펴낸곳 율리시즈

책임편집 김미성
표지디자인 co*kkiri
본문디자인 진혜리
종이 세종페이퍼
인쇄 및 제본 올인피앤비

주소 서울시 양천구 목동중앙서로7길 16-12 102호
전화 (02) 2655-0166/0167
팩스 (02) 6499-0230
E-mail ulyssesbook@naver.com
ISBN 979-11-992239-0-5 03810

등록 2010년 8월 23일 제2010-000046호

ⓒ 정은영, 2025

책값은 뒤표지에 있습니다.